Rocío López de la Chica
Miguel Ángel Corrales

Separada

imago mundi

Rocío López de la Chica
Miguel Ángel Corrales

Separada

Un acto de amor hacia ti y tus peques

Introducción de Míriam Tirado
Prólogo de Rafa Guerrero

Ediciones Destino Colección Imago Mundi **Volumen 344**

© Rocío López de la Chica y Miguel Ángel Corrales, 2023

© Editorial Planeta, S. A., 2023
Ediciones Destino, un sello editorial de Editorial Planeta, S. A.
Avda. Diagonal, 662-664, 08034 Barcelona (España)
www.planetadelibros.com
www.edestino.es

Primera edición: febrero de 2023
ISBN: 978-84-233-6276-9
Depósito legal: B. 469-2023
Composición: Realización Planeta
Impresión y encuadernación: Limpergraf, S. L.
Printed in Spain - Impreso en España

La lectura abre horizontes, iguala oportunidades y construye una sociedad mejor. La propiedad intelectual es clave en la creación de contenidos culturales porque sostiene el ecosistema de quienes escriben y de nuestras librerías. Al comprar este libro estarás contribuyendo a mantener dicho ecosistema vivo y en crecimiento. En **Grupo Planeta** agradecemos que nos ayudes a apoyar así la autonomía creativa de autoras y autores para que puedan seguir desempeñando su labor.
Dirígete (Centro Español de Derechos Reprográficos) si necesitas fotocopiar o escanear algún fragmento de esta obra. Puedes contactar con CEDRO a través de la web www.conlicencia.com o por teléfono en el 91 702 19 70 / 93 272 04 47.

El papel utilizado para la impresión de este libro está calificado como papel ecológico y procede de bosques gestionados de manera **sostenible**.

A ti, Carmen;
a ti, Unai;
a ti, Pablo;
a ti, Nahuel

Sé tu propio faro.

BUDA

ÍNDICE

Notas de una hija de padres separados,
   por Míriam Tirado 15
Prólogo, por Rafa Guerrero 19
¿Por qué hemos escrito este libro?.................. 25

1. ¿Por qué da tanto miedo una separación?......... 33
   La familia no se rompe, cambia de molde...... 37
   He fracasado............................. 44
   Cuanto más tiempo, mejor.................. 52
   La vida en pareja es una vida mejor........... 56
   Los hijos no lo superarán. Los marcará de por vida 59
   Ejercicios 66
2. Separación consciente....................... 73
   Yo abogo por una separación consciente, pero mi
   expareja no, ¿es posible aun así la separación
   consciente?.............................. 78
   El ego, el perdón y el agradecimiento 92
   La sexualidad 102
   Ejercicios 110
3. Fases del acompañamiento emocional a los hijos
   y las hijas con progenitores separados............ 117
   ¿Por qué es tan importante la expresión
   emocional?.............................. 118

¿Cómo hago de sostén emocional para mis
    peques?.............................. 122
Dolor y sufrimiento....................... 123
Culpa y responsabilidad................... 125
Fase 1. Aceptación de la separación........... 132
Fase 2. Comunicar la noticia................. 143
Fase 3. Papá o mamá se va de casa............ 150
Fase 4. La separación ya es un hecho,
    recomendaciones para los primeros
    encuentros........................... 157
Ejercicios................................ 164
4. El conflicto de lealtades...................... 171
    Su mayor dolor: elegir entre mamá y papá..... 171
    ¿Qué pasa cuando mi ex no cuida nada de
        todo esto?............................. 174
    Necesitan saber que tú estás bien. No les digas
        que los echas de menos.................. 175
    ¿Y qué pasa contigo?....................... 177
    Ejercicios................................ 179
5. Los límites................................. 185
    La dificultad de mantener los límites.......... 187
    Los límites en casa de papá y los límites en casa
        de mamá............................. 195
    Las pantallas y el uso de dispositivos digitales... 201
    Ejercicios................................ 209
6. Las emociones y conductas que más afloran en
   los hijos y las hijas ante la separación............ 213
    La añoranza............................. 217
    La culpa................................ 217
    La tristeza............................... 218
    El enfado................................ 219
    El miedo................................ 220
    Conducta de adulto o sobreadaptado........... 224
    Conducta regresiva........................ 225

Conducta ansiosa.......................... 227
Conducta manipuladora................... 227
Conducta irascible........................ 229
Ejercicios................................. 232
7. Cuestiones prácticas........................ 235
Herramientas para casa.................... 235
Cuando acabas de tomar la decisión........... 238
La elección del abogado/a.................. 240
Convenio regulador....................... 242
Elección de custodia...................... 243
¿Deben decidir los menores qué es lo que
prefieren?............................. 247
Ubicación de la nueva vivienda............. 248
8. Papá o mamá tiene una nueva pareja............ 251
El rol de la madrastra..................... 256
Ejercicios............................... 263

Glosario...................................... 265
Concluyendo.................................. 269
GRACIAS de Rocío............................. 275
GRACIAS de Miguel Ángel...................... 279
GRACIAS de Rocío y Miguel Ángel............... 281
Bibliografía de los cuentos nombrados.............. 283

NOTAS DE UNA HIJA DE PADRES SEPARADOS, por MÍRIAM TIRADO[1]

La vida sabe

Cuando Rocío y Miguel Ángel me preguntaron si querría escribir unas palabras para su libro, desde mi óptica de hija de padres separados en una época en la que nadie se separaba todavía, dije que sí. Los conozco, sé cómo trabajan y celebro que haya personas como ellos en este mundo que apuesten por una mirada abierta, consciente y transformadora de las separaciones de pareja.

La que viví yo a mis cinco años no fue consciente. Mis padres eran muy jóvenes cuando se separaron; creo que, en realidad, nadie fue muy consciente de nada en ese momento. Eso vino después. Pero se querían y se amaban, y compartían unos valores que defendieron a ultranza a pesar del dolor que también a ellos les causó la separación: la libertad y el amor que se tenían. La convivencia no era feliz y, justamente porque se querían el uno al otro, decidieron separarse.

Yo no sabía nada de los porqués ni de qué estaba ocurriendo. Tampoco me acuerdo mucho, la verdad. Sí sé que

---

1. Consultora de crianza consciente, periodista especializada en maternidad, paternidad y crianza. Autora de libros para adultos y cuentos infantiles, como los bestsellers *Rabietas*, *Límites*, *Tengo un volcán* y *El hilo invisible*.

era la única niña con padres separados del pueblo y del cole. Pronto se me unió una amiga..., y ya. Éramos las *distintas*; no fue sencillo. Era otra época, y todos (mis padres y yo misma) hicimos lo que pudimos sin herramientas ni mucha consciencia.

Pero mis padres siempre se respetaron y se amaron, aunque ya fuera de otra forma. No recuerdo una mala palabra de uno hacia el otro, o viceversa, y eso entonces no fui capaz de valorarlo; pero, pasado el tiempo, no solo lo valoro, sino que lo agradezco y lo admiro. Ahora que soy adulta y que he vivido algunas relaciones de pareja, sé que lo que hicieron fue maravilloso y, lamentablemente, poco común.

Y es que, aunque entonces no me diera cuenta, era precisamente eso lo que yo necesitaba: que se respetaran, porque dentro de mí seguían juntos y eran lo más importante de mi vida. Porque hubiera llevado fatal sentir que se odiaban y que tenía que tomar partido. Un/a hijo/a no puede ni debe hacerlo nunca, no le toca y no es justo.

También necesité un acompañamiento emocional que no tuve. Era otra época, una en la que se carecía de información al respecto y se desconocían ciertas herramientas. Todos quedamos (también ellos) huérfanos de una ayuda emocional que nos hubiera ido de maravilla.

Me alegra y me hace feliz saber que ese no sea tu caso. Han pasado ya cuarenta años desde entonces. Tenemos a nuestro alcance una ingente cantidad de información, de herramientas, de consciencia y de personas como Rocío y Miguel Ángel que te pueden tender la mano para estar contigo emocionalmente y ayudarte a que puedas acompañar a tus hijos si estás separándote.

No, no es fácil y no es un camino exento de dolor, pero hacerlo con acompañamiento, hacerlo con todo lo que las páginas de este libro te traerán, es mucho mejor.

Mis padres estuvieron muy solos en eso; nadie comprendía muy bien por qué se separaban si seguían teniendo una buena relación. No se concebía una separación desde el amor mutuo y el respeto. Ojalá que las separaciones sean siempre conscientes y fundadas en el autoconocimiento, que lo raro sea una separación inconsciente y llena de lucha y de odio, que lo excepcional sea no respetar al hijo y su campo emocional como algo sagrado que jamás se puede vulnerar.

Miro atrás y agradezco haber sido testigo de una separación tan poco usual en esa época, llena de buen rollo y cariño. Miro atrás y, a pesar de que obviamente en ese momento no era lo que hubiera querido, también sé que gracias a esa separación tengo unos vínculos supervaliosos con mi padrastro y mi madrastra. Gracias a que un día ellos se separaron, tengo a tres hermanos que adoro. Gracias a que un día decidieron tomar caminos distintos, hoy puedo comprender y acompañar mejor a las personas que lo viven y a los/as hijos/as a quienes les toca vivir lo que yo viví en su momento. Gracias a que se separaron no solamente seguimos siendo familia, sino que ahora la familia ha crecido y es mejor.

Nada sucede porque sí; todo ayuda a que nos convirtamos en la persona que somos. Miro atrás y me doy cuenta de que la vida sabe: yo tenía que atravesar todo eso para poder hacer mi tarea de servicio a la sociedad. Me gusta confiar en la vida incluso en los momentos que no entiendo por qué ocurre lo que ocurre. Me gusta pensar que la vida sabe y que, a pesar del dolor que pueda sufrir en un instante, seguro que servirá de algo que todavía no vemos.

Toda transformación conlleva crecimiento, y una separación puede ser un motor increíble para eso. Ojalá este libro de Rocío y Miguel Ángel sea el apoyo y el sostén que necesitas en estos momentos y que te ayude a vivir tu presente desde un lugar más consciente, más pleno y feliz.

Aunque no entiendas nada de lo que ocurre, aunque ahora no veas el porqué de todo, aunque sientas que nada tiene sentido..., confía. La vida sabe.

Un abrazo y feliz lectura.

PRÓLOGO,
por RAFA GUERRERO[1]

Las necesidades de los hijos y el rol parental

Recibo como un regalo de Rocío y Miguel Ángel la ilusionante y responsable tarea de prologar su magnífico libro. Nadie mejor que ellos para escribir un libro dirigido a madres y padres que están atravesando una difícil situación por la que los autores ya han pasado. Las relaciones de pareja y los matrimonios se pueden romper por diferentes motivos, pero lo que jamás se pierde es nuestro rol como madres y padres de nuestros hijos. Es por ello por lo que prologo este libro con toda mi ilusión y con el deseo de que sus páginas te puedan ser útiles para afrontar la situación en la que te encuentras.

El neonato llega a este mundo inmaduro y vulnerable. Su pobre capacidad visual y lo poco conectado que está su cerebro son solo dos muestras de ello. A diferencia de los reptiles, el ser humano es una especie altricial, lo que quiere decir que venimos a este mundo sin estar preparados para sobrevivir por nuestra cuenta; necesitamos la ayuda de nuestros padres para poder mantener la vida. Es la sintonía emocional y la capacidad de conexión de las personas

---

1. Psicólogo, doctor en Educación, experto en vínculos e inteligencia emocional y autor de los libros *Educar en el vínculo* y *El cerebro infantil y adolescente*, entre otros.

que se hacen cargo de nosotros, habitualmente los padres, lo que nos va a permitir sobrevivir. Gracias a la presencia y a la sintonía con ellos, nuestras necesidades se irán cubriendo y podremos crecer, desarrollarnos y tener una buena salud mental.

Existen varios tipos de necesidades que las figuras que están al cargo del recién nacido deben cubrir. En un primer momento, hablamos de las *necesidades fisiológicas*: alimentación, hidratación, descanso, temperatura estable y protección física. Creo que estas necesidades se reconocen fácilmente y que las familias se ocupan de ellas cuando los menores las muestran. Las *necesidades emocionales* o *afectivas* son, con diferencia, las que más nos cuesta reconocer en nuestros menores, y las más complicadas de cubrir. ¿Por qué? Creo que la educación tradicional, basada en las relaciones de poder, el chantaje y el castigo han desempeñado un papel nocivo para que tanto las generaciones pasadas como las actuales se vean privadas de algunas necesidades afectivas. Además de las fisiológicas y las emocionales, también podemos hablar de las *necesidades sociales* y de las *necesidades cognitivas*. Como si de un puzle de cuatro piezas se tratara, todas ellas son igual de importantes para el desarrollo sano del menor. En nuestra sociedad se cubren más fácilmente las necesidades fisiológicas y cognitivas que las sociales y emocionales. Por lo tanto, una de las funciones más relevantes de los padres para logar la salud emocional de sus hijos consiste en conectar con las necesidades del menor y, posteriormente, cubrirlas. No es tarea fácil, pues nadie nos enseñó a hacerlo suficientemente bien.

En los primeros meses de vida del menor se va desarrollando una relación afectiva especial entre este y sus padres. Este lazo emocional invisible se conoce con el nombre de *apego*. Si los padres del menor son capaces de conectar con las necesidades de su hijo y cubrir de manera suficiente la necesidad emocional que este presenta, es más que probable que el pequeño desarrolle un *apego seguro*. Podemos decir que este es un regalo para toda la vida, pues permitirá a la persona relacionarse de una manera sana, estable y segura con la gente con la que esté en su día a día. Sin embargo, si los padres no suelen conectar con las necesidades del menor y, por lo tanto, no pueden darle aquello que precisa, es más que probable que se desarrolle un *apego inseguro* y una pobre salud emocional que será, posiblemente, sinónimo de sufrimiento.

Los seres humanos tenemos muchas necesidades de tipo afectivo. Ya hemos visto que, en función de cómo actúen los progenitores ante las manifestaciones afectivas de sus hijos, se desarrollará un apego seguro o inseguro, y, por otro lado, la capacidad de regulación emocional será mejor o peor en la persona. Pero ¿cuáles son esas necesidades afectivas de los hijos que deben cubrir los padres? Algunas de ellas son dar protección y autonomía, poner límites, regular sus emociones, fomentar la identidad, estar presentes, sentirse visto y darles tiempo de calidad; son solo algunos ejemplos de las necesidades emocionales que presentamos todos los seres humanos en nuestro ciclo vital. Recordemos que todas estas necesidades afectivas deben cubrirse de manera suficiente, evitando los extremos de la sobreprotección y la negligencia.

Ahora bien, como se explica de manera brillante en este libro, ¿qué ocurre con dichas necesidades emocionales cuando los padres deciden tomar caminos diferentes? Los padres deben tener presente que sus funciones parentales continuarán siendo fundamentales para sus hijos pese a que la pareja o el matrimonio se acabe. Por supuesto que podemos tomar la legítima decisión de separarnos o divorciarnos, pero nuestro rol parental debe permanecer intacto respecto a las necesidades de nuestros hijos. Por lo tanto, nos separamos de nuestra mujer o marido, pero nunca de nuestros hijos. Dada la vulnerabilidad con la que vienen a este mundo, nuestros hijos nos necesitan, sigamos viviendo juntos o no.

Como explican Rocío y Miguel Ángel, cuando la relación de pareja se termina, la familia no se rompe, sino que, más bien, cambia de molde. Sabemos que hay tantos tipos de separaciones como separaciones se dan a lo largo de los años, pero lo cierto es que lo fundamental es que las figuras de referencia y de apego (los padres) seamos capaces de mantener nuestras «guerras matrimoniales» a un lado para poner en el centro de nuestros intereses a los más vulnerables y frágiles: nuestros hijos. No podemos concluir que la separación o el divorcio de una pareja es mala por el hecho de que se dé tal circunstancia, sino que todo dependerá de cómo lo abordemos y se lo expliquemos a nuestros hijos. Decía William Shakespeare en su famosa obra *Hamlet*: «Las cosas no son buenas ni malas, son como tú las quieras ver». Los padres que están en proceso de separación o divorcio deben ser conscientes de que sus hijos son los más vulnerables y frágiles en ese difícil momento y por eso deben ocupar un lugar central en sus prioridades. Además, se da la circunstancia de que los hijos no son los que toman la decisión, sino los padres, lo que los coloca en una situación de mayor vulnerabilidad y menor control, si cabe.

El divorcio o la separación implica un duelo al que deben enfrentarse todos los miembros de la familia. Tanto los padres como los hijos deben afrontar, cada uno con sus recursos, el cambio que se va a producir. Si los progenitores tienen en cuenta que en este proceso los más importantes son sus hijos, es más que probable que todo vaya bien. Debemos tener cuidado de no caer en la lucha de egos en la que a veces caemos los padres, en la que estamos más pendientes de nuestras «batallas personales» que de atender y cubrir las necesidades de nuestros hijos. Como defiendo en este prólogo, lo importante es que las necesidades afectivas de nuestros hijos queden suficientemente cubiertas, a pesar de que la pareja se esté rompiendo. Necesidades afectivas como la protección, la confianza, el fomento de la autonomía, los límites y el sentido de pertenencia son fundamentales para seguir acompañando a nuestros hijos en su proceso de crecimiento y desarrollo personal, social y afectivo.

    Ya solo me queda dejar al lector en manos de Rocío y Miguel Ángel para que disfruten y ahonden en una de las encrucijadas que más nos preocupan a las madres y a los padres cuando estamos en plena ruptura matrimonial. Por favor, no dejéis de disfrutar y aprender de este magnífico libro que han escrito con tanto cariño, amor y respeto.

¿POR QUÉ HEMOS ESCRITO ESTE LIBRO?

Tanto Miguel Ángel como yo somos padres de dos criaturas, y tras vivir sendas separaciones conscientes hemos creado juntos nuestra propia familia enlazada.

Porque hemos vivido una separación previa, sabemos que tomar la decisión de separarse no suele ser fácil; sin embargo, es la mejor opción si vibra contigo o con tu pareja. A ratos puede llegar a ser muy duro y doloroso afrontarlo, y cuando hay peques de por medio, mucho más. El dolor, los miedos y las dudas pueden llegar a ser abrumadores, lo sabemos porque ya pasamos por ello.

Precisamente por eso hemos escrito este libro, con el que además de pretender arrojar luz en tu vida, irás descubriendo parte de mi proceso de separación, que puede que te sirva de inspiración y reflexión sobre tu caso. Con el fin de ayudarte a implementar algunos cambios en tu vida, Miguel Ángel aporta su visión a través de ejercicios prácticos que te ayudarán a integrar y hacer tuya la teoría y el relato que yo iré exponiendo en cada capítulo. Te recomendamos descargarte el cuaderno de ejercicios que hemos preparado para ti y tenerlo a mano, para que puedas acompañar la lectura con la práctica de las actividades. Lo tienes disponible en https://creada.es/ejercicios. Y subraya en el libro lo que te llame la atención, haz anotaciones, incorpora pósits... De cualquiera de estas formas retendrás mucho mejor la información, están más que comprobados sus beneficios para integrarla. Sobre todo cuando se trata de leer algo tan diferente a lo que hemos recibido durante gran parte de nuestra existencia.

En mi caso, desde la primera vez que la sombra de la separación apareció en mi vida hasta que di el paso, transcurrieron cuatro años. Cuatro años en los que me deshice de mis creencias limitantes en torno a la separación. Aquellas que me hacían creer que si me separaba estaría fracasando en mi vida, fracasando como mujer, como pareja y, sobre todo, como madre, porque haría pasar a mis hijos por un infierno.

¿Cómo iba a ser capaz de dar ese paso con semejantes ideas?

Imposible.

Los casos de separación que ocurrían a mi alrededor siempre eran conflictivos. Se trataba de unas guerras de adultos donde no se tenían en cuenta a las criaturas en ningún momento, por lo que su sufrimiento estaba casi garantizado.

Yo no quería que en mi caso fuera así, no deseaba dañar a mis hijos. Por eso, durante unos años viví en una cárcel mental. Una cárcel de la que yo era la única responsable, pues quien se ponía las limitaciones era yo misma. Pasados los años y habiéndome deshecho, como te iré contando a lo largo del libro, de mis juicios y miedos en torno a la separación, ya tenía claro que quería separarme. Ahora bien, ¿cómo llevar a cabo una separación y al mismo tiempo proteger a mis dos hijos del conflicto de pareja?

Fue entonces cuando inicié un proceso de investigación. En aquella época estaba realizando en la universidad el máster de Educación Emocional, para el que tenía que hacer un trabajo final. Recuerdo perfectamente cuando la directora nos insistió en que, ya que tendríamos que investigar bastante y dedicarle muchas horas al asunto, lo hiciéramos sobre un tema que nos llamara especialmente la atención. Sobre uno que despertara interés en nosotras y del que no nos aburriera leer.

En aquel momento cambié el tema que había escogido. Tuve claro que quería hablar de las consecuencias que tiene para los hijos y las hijas la separación de sus figuras parentales, pues para entonces tenía la certeza de que el padre de mis hijos y yo nos separaríamos algún día, aunque no sabía cuándo.

Lo vi claro: era el tema perfecto para recoger información y poderla aplicar a mi vida; sabía que era eso lo que más me preocupaba y lo que me impedía dar el paso. Necesitaba encontrar en la teoría información que confirmara lo que me decía mi voz interna: puedes separarte y que tus hijos sean felices.

Al finalizar mi TFM, *Una propuesta de acompañamiento emocional para los hijos e hijas con progenitores en proceso de separación*, y presentarlo ante el tribunal, recibí elogios inesperados y obtuve la seguridad y confianza que me estaban faltando para creer en mí y en mis sensaciones.

De hecho, en aquel momento no me di cuenta, pero pasado el tiempo pude tomar conciencia de que aquel trabajo fue lo que necesité para atreverme a dar el paso de separarme.

Aunque la sombra de la separación estuvo años rondando en mi relación con el padre de mis hijos, solo tres semanas después de recibir la máxima calificación del tribunal me senté a hablar con él para decirle que nuestro ciclo como pareja había terminado.

Y es que crecemos con tanta desconexión interior, buscando fuera la aprobación de lo que hacemos, sentimos y pensamos, que cuando llegamos a la adultez seguimos esperando que alguien nos diga si lo que estamos haciendo es correcto o no.

Eso fue lo que me pasó a mí.

Después, sentí tanta paz y, por fin, seguridad de mis propios sentimientos que me dije que algún día se lo contaría a tantas madres y padres como pudiera, para que el mensaje de que una separación ni es el final del mundo ni lo peor que se les puede hacer a tus hijos llegara tan lejos como fuera posible.

Y sobre todo y muy especialmente para liberar del peso de la culpa a las madres, pues eso fue lo que me atormentó hasta hacerme sentir que vivía en una cárcel mental. Sentí tanta culpa y tenía tantos prejuicios en torno a mi separación y divorcio, que me costó mucho escuchar mi propia voz.

Pero lo conseguí. Lo que ha venido después, aunque a ratos ha sido difícil y desagradable, ha merecido muchísimo la pena, por todo lo que hemos aprendido. Ha llegado el momento de alzar la voz que me prometí levantar para ayudarte a que puedas sentirte en paz con la situación que estás viviendo y a saber cómo puedes acompañar emocionalmente a tus peques para que se adapten a vuestro nuevo molde familiar.

En este libro vas a encontrar nuestra visión acerca de las separaciones de parejas con hijos, con la que queremos ofrecerte consuelo y una perspectiva diferente acerca de esta etapa vital que atraviesas. Pretende ser un soplo de aire fresco que te ayude a desdramatizar la experiencia por la que estás pasando. Y si estás leyendo estas líneas, no podemos más que felicitarte, pues ya estás poniendo mucho de tu parte para facilitar, a ti y a tus peques, el proceso de transformación familiar que estáis viviendo.

Por increíble que te parezca ahora, separarte es una oportunidad para crecer; nos gustaría ser capaces de ayudarte en ello, pues tienes ante ti la oportunidad de afrontar la separación de una forma consciente, y, para que sea así, es bueno que estés en disposición de crecer.

Antes de seguir, hay algo importante que queremos decirte. Al poner fin a vuestra relación de pareja, permitís que vuestro vínculo, vuestra relación se transforme en una nueva en la que seguís siendo familia, aunque con una forma diferente. De hecho, la separación en sí no existe, pues al tener hijos en común vais a seguir siendo familia. A lo largo de esta lectura comprobarás que utilizamos tanto el concepto de separación como el de transformación familiar, pues nos sentimos más cómodos con este, ya que consideramos que se ajusta más a la realidad que vivimos las figuras parentales que dejamos de ser pareja.

De hecho, por nuestra propia experiencia personal y profesional —pues en Creada (nuestro proyecto profesional en el que ofrecemos sesiones de consultoría) ayudamos a madres y padres a llevar a cabo separaciones conscientes, para así cuidar de sus criaturas y de sí mismos durante el proceso de transformación familiar—, podemos afirmar científicamente que cuando una relación de pareja se termina, la familia no se rompe, sino que cambia de molde.

Y en la medida en que tengáis nuevas relaciones de pareja, vuestro molde familiar se irá agrandando para dar cabida así a nuevos vínculos. Porque el amor, cuanto más se da, más se recibe, y así va creciendo. Recuerda: el amor multiplica, no divide.

No te hablamos de algo utópico, sino real como la vida misma.

Hollywood, Disney y el peso de la tradición judeocristiana nos han hecho creer que solo existe un modelo de familia. Como si todo lo demás perteneciera a una categoría inferior, de ahí que tantas parejas hayan aguantado, y sigan haciéndolo, en una relación que no solo no suma, sino que desgasta a todos los niveles, emocional, mental, físico y hasta espiritual, al carecer de amor.

La experiencia de amor que se puede vivenciar gracias

a dejar que el molde familiar se ensanche es inmensa. Claro que hablamos del concepto de amor real, no de la visión de amor romántico.

De hecho, eso le ha pasado a nuestra familia, que ha crecido mucho. En casa tenemos en cuenta que somos seis convivientes, pero siempre integramos a la mamá y al papá de nuestras criaturas y a sus parejas, pues consideramos que somos una única familia y el vínculo permanece de por vida, especialmente porque están las criaturas.

Claro que no siempre ha habido paz y armonía entre los adultos que formamos parte de esta familia. Somos seres humanos y cada cual tiene sus miedos y juicios. Cada uno ha ido viviendo, a su ritmo, el proceso de adaptación al nuevo molde familiar.

Lo importante ha sido que quienes hemos podido poner consciencia al proceso hemos tratado de respetar el ritmo de quien en ese momento estaba en otro lugar. Por ello la relación no siempre ha sido la que es ahora; las relaciones están vivas y compuestas por personas, por lo que evolucionan y crecen al ritmo al que lo hacemos nosotras. De hecho, de lo único de lo que nos podíamos ocupar nosotros es de decidir qué energía queríamos cocrear cada uno con su anterior pareja, y en ello nos centramos.

Miguel Ángel y yo, al acompañar a familias en este proceso, nos seguimos sorprendiendo de cómo cada vez son más las que encuentran su sitio en un molde que socialmente aún no está reconocido, pero que, sin embargo, va haciéndose cada vez más real. Y es que el amor no entiende de formas ni estructuras, va mucho más allá de lo socialmente reconocido y estandarizado, y comienza dentro de ti.

Sobre todo ello profundizamos a lo largo del libro, donde primero desarrollamos cuestiones genéricas y conceptos abstractos y necesarios para entender la separación consciente, y después hallarás las cuestiones más prácticas y concretas, para terminar con una lista de cuentos infantiles que te pueden resultar útiles en el acompañamiento a tus peques durante el proceso de adaptación al nuevo molde familiar.

No te aconsejamos que te dirijas directamente a la segunda parte porque, para poder afrontar la práctica como te proponemos, es importante que primero conozcas la mirada acerca de las separaciones conscientes que compartimos en la primera parte.

Además, a lo largo de todo el libro te contamos las historias de personas a las que hemos ayudado en su proceso de transformación familiar con las que puede que te sientas identificada. Claro que para salvaguardar su confidencialidad cambiamos sus nombres y algunos detalles para que, aun manteniendo la esencia, su privacidad esté a salvo.

Durante la lectura, verás que utilizamos el estándar de madre y padre; es por una cuestión de economía del lenguaje y queremos puntualizarlo, porque es evidente que tienen cabida tantos estilos de parejas como existen y cuya relación como tal finaliza y se transforma, así que pedimos disculpas de antemano a las familias homoparentales que no se sientan representadas a lo largo de la lectura.

De igual manera queremos matizar que el libro lo hemos escrito en femenino porque en nuestra experiencia son las mujeres las que piden ayuda con más facilidad y muestran un mayor interés a la hora de llevar con más consciencia este proceso de transformación familiar. Sin embargo, todo lo que comentamos es aplicable tanto a madres como a padres.

El 96 por ciento de las personas que llegan a Creada pidiéndonos ayuda individual son mujeres, y el 4 por ciento, hombres; y ellos en nuestros textos en redes y en nuestro blog se han sentido aludidos igual que hasta ahora las mujeres nos hemos sentido incluidas en los textos escritos en masculino, así que si eres padre y has llegado hasta aquí te animamos a que sigas leyendo hasta el final, porque tus peques te necesitan y mucho.

Por otro lado, tratando de desarrollar un lenguaje inclusivo que aligerara la lectura, encontramos en la palabra *peques* la forma de incluir a niños y niñas; ahora bien, en algunos momentos hablamos de hijos o de hijas para que la lectura no resulte farragosa, pero de la misma manera nos referimos a ambos sexos.

Ahora sí: comienza el viaje para que puedas sentirte en paz y merecedora de una vida plena y feliz, porque te lo mereces y está a tu alcance.

> CUANDO UNA RELACIÓN DE PAREJA SE TERMINA, LA FAMILIA NO SE ROMPE, SINO QUE CAMBIA DE MOLDE.

1
¿POR QUÉ DA TANTO MIEDO UNA SEPARACIÓN?

Las separaciones forman parte de la vida, son un proceso natural.

Si se te ha arrugado el entrecejo o has levantado una ceja ante lo extraño que te resulta leer esta afirmación, es normal. Tenemos unas creencias tan arraigadas al respecto tanto en nuestro inconsciente individual como colectivo que, en el día a día, no nos cuestionamos otras posibilidades y vivimos dichas afirmaciones como «la verdad». Estas creencias nos impiden vivir las separaciones como lo que son, un proceso natural de la vida, a menos que hagamos un cambio de mentalidad.

Me estoy refiriendo a las creencias limitantes, que, a menos que les pongamos consciencia, pueden conducir nuestra vida y, me atrevo a decir, que pueden ser nuestra cárcel mental.

Lo malo no es la separación. Separarse no es malo. Lo malo son todos los juicios que hay respecto a ello, y esas creencias inconscientes y tan enraizadas que son fruto de nuestra historia y de la educación familiar, social y cultural recibida.

Respira y haz tuyas estas palabras: una separación no es mala ni daña. No eres peor persona por separarte, y eso tampoco te convierte en peor madre. Lo malo no es la separación, lo que puede ser malo y dañar es una mala gestión de esta.

Puedes y está en tu mano deshacerte de ciertas creencias que tanto te condicionan y tan culpable te hacen sentir; el objetivo, lograr estar en paz contigo misma en relación con la separación.

Te propongo que primero identifiques las creencias que te limitan, aquellas ideas que te perturban, que te quitan paz y te impiden sentirte plena contigo y tu situación. Una vez identificadas, podrás comenzar a deshacerte de ellas poco a poco, no existe el botón que te haga cambiar unas creencias por otras, se trata más bien de un proceso. Tomar consciencia de estas es el primer paso y puede que el mayor; después ya solo te queda la segunda parte del recorrido.

A mí me ayudó entender de dónde venían cada una de mis creencias limitantes (tenía muchas): mirar hacia atrás en la historia y entender el contexto en el que había crecido me ayudó mucho a identificar cómo se habían forjado, y ver así la propia debilidad de la creencia. Al final del capítulo, Miguel Ángel te propone un ejercicio que puede ayudarte a convertir cada creencia limitante en una potenciadora. Y en caso de que este proceso de cambio de creencias no te resulte sencillo, apóyate en personas importantes para ti que puedan ayudarte en este sentido.

> LO MALO NO ES LA SEPARACIÓN,
> LO QUE PUEDE SER MALO Y DAÑAR
> ES UNA MALA GESTIÓN DE ESTA.

Me voy a atrever a confesarte un sueño que tuve. Un sueño que ahora entiendo cómo no entendí hace años, cuando lo tuve.

En aquel momento estaba casada con el padre de mis hijos y estaba embarazada por primera vez. Él estaba viviendo una situación difícil y habló de la posibilidad de separarnos. Algo hasta entonces totalmente inimaginable e impensable para mí; yo me había casado con él con la idea de envejecer juntos, siempre cogidos de la mano. En aquel momento sentí que mi mundo se detenía, que alguien le daba al botón de *pause* para que pudiera digerir lo que me estaba diciendo.

Sabía y entendía que estaba viviendo un momento muy complejo y que existía la posibilidad de que mantuviera aquella decisión, aunque también podía ser que no lo hiciera; pero la cuestión no era esa: lo importante era que entendía que esa posibilidad existía.

Aquella noche me fui a dormir con ese pensamiento y soñé que estaba vestida de novia en una cárcel, estaba en mi celda, tras unos barrotes de hierro, como en las películas de Hollywood. Me veía desde fuera y me observaba a mí misma con una media sonrisa. A primera vista, parecía que estaba bien; sin embargo, me reconocía como una zombi. Una zombi bonita, vestida de novia, con una sonrisa perenne, pero... como atontada.

Quería estar fuera de aquella celda, pero sabía que, como la puerta estaba cerrada, no podía salir, no debía salir. No estaba bien que saliera y por eso la puerta estaba cerrada. Debía permanecer allí. Agarraba los barrotes, pero no con intención de salir, sino admirando la vida fuera de la cárcel.

Hasta que pasó alguien, era una especie de policía, y me mostró que la puerta estaba abierta, dejándome entrever que podía salir cuando quisiera.

Fue en ese instante el único momento en el que mi sonrisa se desdibujó un poco, solté los barrotes, miré la puerta y muy suavemente la empujé hacia un lado y... *voilá!* Era ligera y se abría muy fácilmente. Todos mis movimientos eran muy suaves y lentos. Con incredulidad y asombro al mismo tiempo fui a poner un pie fuera de la celda cuando me desperté. Ahí terminó el sueño.

Aquel sueño me hizo pensar muchísimo, estuve semanas, incluso meses, dándole vueltas. ¿Acaso el hecho de estar casada me hacía sentir en una cárcel? Con el tiempo tomé consciencia de que estaba viviendo una vida basada en lo que después entendí que eran creencias limitantes.

Me di cuenta de que había asumido que esa era la vida que había elegido y ya no me quedaba otra opción que vivirla, me gustara o no. Total, era lo que yo había escogido en su momento y ya no había marcha atrás. Como si por el hecho de haber tomado una decisión en un momento dado, ya me tuviera que aguantar el resto de mi vida.

Ahora aquello me parece una barbaridad. Pasados los años me impresiona cómo había asumido, por una elección que me había valido en un momento dado, que ya me tenía que aguantar. Ahora me parece tan absurdo como pretender que el zapato que me compré con quince años me siga valiendo a los treinta y seis porque sigo calzando el mismo número de pie... Pues no, las personas no solo cambiamos por fuera, también, y mucho, por dentro. La vida, la naturaleza, las personas, las relaciones... son cíclicas y estamos en constante evolución.

Como te decía, aquel sueño vino a mostrarme algo de lo que no era consciente: la resignación en la que vivía, así como que tenía en mi mano la posibilidad de elegir salir de esa forma de vida, que podía elegir otra forma de estar en la vida y que se acercara más a vivir que a sobrevivir.

> COMO SI POR EL HECHO DE HABER TOMADO UNA DECISIÓN EN UN MOMENTO DADO, YA ME TUVIERA QUE AGUANTAR EL RESTO DE MI VIDA.

Recuerdo perfectamente los dos días posteriores a aquel sueño, estaba asombrada, miraba todo con ojos nuevos. Observaba como una niña acabada de nacer cada detalle de la vida, de las personas, del comportamiento de estas y de mí misma. Mi cuerpo hacía las cosas de siempre, mientras mi mente estaba en modo observación al cien por cien.

En aquel momento me dije que iba a acompañar al que entonces era mi marido en su proceso hasta donde él me permitiera. Yo no sentía la necesidad de separarme; ahora bien, no quería vivir en una cárcel. Deseaba que, hiciera lo que hiciese, fuera desde la libertad; es decir, en lugar de vivir desde el «tengo que», vivir cada momento desde el «elijo que».

En los días que siguieron al sueño, comencé a tomar consciencia de la cantidad de prejuicios que yo tenía sobre la separación y de lo mucho que me limitaban las creencias y las etiquetas en torno al divorcio. Me dije que me iría deshaciendo de ellas una a una hasta sentirme libre, y así elegir desde la libertad y el bienestar, no desde lo que se suponía que tenía que hacer. Ahora sé que lo que pretendía era mantener una relación basada en el amor y no en el miedo a la separación; sin embargo, para poder discernir si lo que nos unía (o al menos lo que me unía a mí a él) era el miedo o el amor, necesitaba mirar de frente cada una de mis creencias limitantes y transformarlas, algo que me llevó su tiempo, más del necesario porque lo hice en soledad y absoluto silencio.

La familia no se rompe, cambia de molde

Deshacerme de cada uno de mis juicios y creencias limitantes en torno a la separación me permitió adquirir otra visión. Una que me aportaba paz y que sentía como verdad. No como la verdad, sino como una verdad alineada a mis tripas, a mi esencia. Esa que no entiende de normas sociales y sí de amor, del amor de verdad, ese que es libre y no entiende de formas ni estructuras culturales ni sociales.

Esa verdad fue que, al poner fin a la relación de dos personas como pareja, la familia no se rompe, sino que cambia de molde.

Para poder integrar esta idea, uno de los caminos que ayudan es desaprender lo aprendido, vaciarnos de aquellos aprendizajes que ahora no nos valen, que nos encorsetan robándonos paz. En este sentido es importante cuestionarnos cada cosa que nos decimos y que creemos, no tomarnos las cosas como verdad porque siempre se ha hecho así o porque sí; para ello me gusta mirar atrás y ver de dónde venimos, para entender por qué estamos en este momento como estamos y por qué pensamos como lo hacemos.

Nuestra sociedad conserva una tradición judeocristiana muy grande; al margen de profesar la religión católica o no, el peso de sus creencias está muy arraigado en el inconsciente colectivo. De esta tradición, nace el estándar de familia como madre, padre e hijos, y todo lo que se saliera de este molde no solo estaba (y está) mal visto, sino que era malo. Es más, quien no cumpliera con ella debía sentirse culpable. De hecho, en España el divorcio solo es legal desde hace cuarenta y un años; piénsalo, hasta prácticamente antes de ayer esto de lo que ahora te hablo con tanta naturalidad era ilegal. ¿Cómo pretendemos ahora ser libres en nuestras decisiones sin mirar atrás y entender nuestro contexto? De hecho, no hacemos lo que queremos, sino lo que podemos, teniendo en cuenta la mochila que cargamos sobre nuestras espaldas. Pero de eso te hablaré más adelante, antes quiero profundizar en la historia de la que venimos.

> EN LUGAR DE VIVIR DESDE EL «TENGO QUE»,
> VIVIR CADA MOMENTO DESDE EL «ELIJO QUE».

El divorcio solo es legal en España desde 1981; antes de esa fecha, se pensaba que ciertos comportamientos de la mujer debilitaban los cimientos del matrimonio y podían ser penados con la expulsión de la mujer del hogar. Las mujeres debíamos responder a conductas consideradas «propias de las mujeres»; cualquier otra, como ir «más maquillada de la cuenta» o ser amable con quien no se debía según los criterios de los hombres que ostentaban entonces el poder y la autoridad, se sancionaba y se castigaba.

No olvidemos de dónde venimos para entender el peso que cargamos por ser mujeres, algo que nos dificulta sentirnos en paz en una situación así. Pues el estigma social que vivía cualquier mujer por salirse de la norma era enorme y todo lo que no respondiera al molde de familia tradicional estaba penado, si no de forma legal, sí por la sociedad; por ejemplo, ser madre soltera. Y todo esto aún perdura en el inconsciente colectivo, de ahí que todavía existan resistencias a aceptar otros moldes de familia, sean del tipo que sean.

> PUEDE QUE LOS MIEMBROS DE UNA FAMILIA
> APARENTEMENTE IDEAL ESTÉN JUNTOS, PERO
> NO TIENEN POR QUÉ ESTAR UNIDOS.

Además, se entendía que un hombre y una mujer que se quisieran tenían que ser pareja, como si el amor tuviera una única forma y estructura en tales circunstancias. Y si eran pareja, debían tener hijos, porque, si no, ¿para qué estaban juntos?

Por supuesto, dicha pareja debía ser para siempre, «hasta que la muerte los separe». Se obviaba la idea de que las relaciones humanas son cíclicas, como todo en la naturaleza. Quien se saliera de lo establecido como correcto, que no era más que el estándar social y culturalmente establecido, debía sentir el peso de la culpa. La culpa, una forma de mantenernos en el camino que se supone correcto. Profundizaré sobre ello más adelante.

Elisa es una mujer de cerca de cuarenta años y madre de dos niñas, hace dos años que se separó porque sentía que el padre de sus hijas y ella eran más compañeros de piso con una buena relación que otra cosa. En varias ocasiones habían intentado avivar la llama de su relación hasta que ella aceptó que su ciclo como pareja había finalizado. Por él lo habrían intentado más veces, pero ella lo tenía claro y sabía que la mejor opción era dejar de convivir en ese momento, cuando aún se guardaban cariño y respeto.

Cuando la convivencia cesó y ella comenzó a hacer una vida independiente con sus hijas llegó la peor parte de su proceso, pues sentía que les estaba fallando al no ofrecerles una *familia completa*.

Le dolía ir a la playa con ellas y ver a otras familias que sí respondían al estándar de familia. En ese momento sentía pena por sus hijas porque su familia no solo no era completa, sino que además se había roto. Esta idea la martirizaba e impedía avanzar; por ello alargó el proceso de toda la familia, pues continuamente hacían planes los cuatro juntos, queriendo ofrecer a sus hijas la estampa familiar ideal.

Esto confundió al padre de las hijas, que en más de una ocasión interpretó que eran oportunidades para volver a acercarse como pareja, confusión que llegaba a las niñas, quienes comenzaron a somatizar la inseguridad que sentían ante la falta de orden de sus figuras parentales.

> Hasta que Elisa no pasó el duelo, no por la relación de pareja que había terminado sino por el proyecto de vida juntos y, sobre todo, por la idea de familia que ella tenía, no pudo integrar su nuevo molde familiar.
> Y como pasa casi siempre (o siempre), una vez que mamá y papá se colocan donde les corresponde en el sistema familiar y ofrecen seguridad a sus peques, estos pueden terminar de adaptarse e integrar cuál es su nuevo molde familiar.

¿Qué es una familia completa? Parece que, en esta sociedad, se considera como tal la que está formada por un padre, una madre e hijos, ellos sí que son una familia «de verdad»; quienes nos salimos de ese molde, si es que se nos considera una familia, lo somos, pero de una categoría inferior, como si tuviéramos menos valía.

De hecho, aunque formalmente se diga que cualquiera puede formar una familia y que todos los moldes son válidos, la realidad es que desde las instituciones mismas esto no es real y no se apoya.

Visualiza un momento a familias que responden al estándar en un escenario como la playa, de ruta de senderismos todos juntos o yendo en grupo al colegio o al cine; ese es el ideal que se nos ofrece. Una familia perfectamente unida.

¿Sí? ¿Unida? Puede que estén juntos, pero no tienen por qué estar unidos. ¿Conoces a personas que mantienen una relación de pareja amable en la calle pero de puertas para dentro se comportan de forma bien distinta? Pues lo mismo sucede con las familias.

Lo que ocurre es que, si nos sentimos inferiores y cargamos sobre nuestros hombros el peso de nuestros propios juicios en relación con el divorcio, al ver a ciertas familias desearíamos que esas fueran la nuestra; estamos proyectando nuestros propios ideales y expectativas sobre ese grupo de personas.

En ese sentido, no vemos lo que hay en esa familia, sino lo que desearíamos tener, lo que ese conjunto de personas representa para nosotras.

Esto se agrava y se vuelve más difícil cuando en un tiempo anterior a nuestra separación hemos juzgado las separaciones y los divorcios. Vernos en la posición que previamente hemos criticado y denostado nos lo pone aún más difícil.

Reconocer tales prejuicios y creencias limitantes, ser conscientes de nuestros ideales y expectativas sobre la familia y de la culpa que nos despierta nuestra situación es el primer paso para ir deshaciendo cada nudo, para vaciar nuestra mente de todo ese ruido y conectar así con nuestra esencia, con nuestro ser.

A veces la parte más difícil de la separación no tiene que ver con la pareja en sí, sino con el duelo que hemos de pasar por el proyecto de vida que ya no será y la idea de familia que ya no se cumplirá.

Clara y Julio son padres jóvenes, se conocen desde el colegio, eran amigos y con los años iniciaron una relación de pareja. Convivían y pensaban tener hijos, pero no tan pronto como finalmente sucedió. Con el nacimiento del pequeño Guillermo su convivencia se deterioró, pero mantenían la relación de pareja pensando que era la mejor opción para su hijo, pese a que ambos creían que ya poco podían hacer juntos, pues era más lo que los distanciaba que lo que los unía.

Hasta que cuando el pequeño tenía poco más de un año decidieron separarse, pues las discusiones y el hastío eran tan grandes que no querían que su hijo presenciara este clima familiar.

La sorpresa para ellos fue que al cesar la convivencia su relación mejoró. Volvían a entenderse con cierta facilidad y ponerse de acuerdo era relativamente fácil. Como seguían creyendo que lo mejor para su hijo era que papá y mamá estuvieran juntos, a los meses de haberse separado decidieron retomar la relación de pareja.

Pero en esta ocasión el nivel de tensión y conflictividad en la convivencia aumentó considerablemente respecto a la etapa anterior. Había rencor y mucho desgaste emocional, lo que les dificultaba entenderse y llegar a acuerdos, y cruzaron líneas rojas que no querrían haber cruzado nunca: quedó claro que separados estaban mejor que juntos.

Fue precisamente gracias a haber pasado por esta experiencia por lo que entendieron que podían seguir siendo familia y estar unidos como madre y padre, pero recorriendo cada uno su propio camino, sin ser pareja, pues forzar una relación cuyo ciclo ya ha finalizado no reporta ningún beneficio a nadie.

Clara y Julio habían ido muchas veces de camping durante su noviazgo; en los primeros tres años de vida de su hijo habían compartido esa experiencia. Por eso mismo a ella le asustaba la idea de ir sola con su hijo. Aun así, quiso enfrentarse a esta situación y se sorprendió gratamente cuando llegó a sentirse plena al vivir la experiencia y darse cuenta de que era capaz.

Cuando veía a otras familias con sus figuras parentales juntas le venían ideas como que su familia no era igual, que carecía de valor frente a las demás, que estaba incompleta..., pero entonces se acordaba de los momentos en los que Julio y ella se hacían fotos sonriendo en familia cuando estaban de camping, sabiendo que en el día a día no se entendían y había mucha distancia entre ambos.

Recordaba cómo podían escenificar la estampa de familia feliz para los demás cuando ella realmente se sentía gris y hastiada por dentro.

> Esa experiencia le sirvió para recordarse lo mucho de lo que era capaz y también de que seguían siendo familia, solo que ahora en un molde más sano para los tres, especialmente para su hijo. A partir de entonces entendió que se había separado precisamente por amor, por amor a sí misma, a su pequeño y al padre de este, para que los tres pudieran ser más felices.

Lo que pensamos acerca de qué es y qué no es familia nos puede llegar a limitar muchísimo, así como todo lo que creemos acerca de qué es y qué supone una separación, por ello quiero contarte algunas de las creencias limitantes que yo viví y que me encuentro con más frecuencia durante las sesiones. Las comparto contigo por si te suenan y te ayudan a bajar ese ruido mental, es decir, todos esos pensamientos que no cesan en tu cabeza y te impiden sentirte tranquila, segura y en paz, y que además no suelen ser propios, sino que a menudo son la lucha entre lo que sientes y lo que se supone que tienes que hacer, un supuesto impostado por los valores e ideales sociales, que son ajenos a nosotras mismas.

Pero ten en cuenta que tú eres tu mejor maestra, tú albergas un gran poder dentro de ti, solo necesitas encontrarlo. Que este libro te sirva de inspiración para encontrarte y hallar así dentro de ti la mejor guía que puedes seguir en esta vida: la conexión contigo misma, con tu ser.

He fracasado

La sensación de que si me separaba estaba fracasando como madre, pareja y mujer me mataba por dentro. Es una palabra que tiene mucho peso y en nuestra sociedad occidental más aún. Nadie quiere fracasar; si separarte del padre de tus criaturas se considera un fracaso, evidentemente vas a intentar alargar todo lo posible la relación para evitar el fracaso a toda costa.

Y si ya te has separado y sigues sintiendo que has fracasado, te mando un abrazo fuerte y largo, pues sentirte una fracasada es muy doloroso. Ojalá que, de ser así, puedas dejar esa sensación a un lado durante esta lectura.

¿Qué sentido tiene mantener la relación de pareja cuando ya no suma, cuando no os aportáis desde el amor, cuando ya no crecéis juntos? ¿Por qué no dejar que esta siga su curso natural y evolucione a otra forma? Tenemos tan arraigada la forma de pareja cuando dos personas se aman que nos cuesta entender que el amor va muchísimo más allá de la visión romántica de pareja. Podemos amarnos y no ser pareja. No es la única estructura válida en la que podemos sentir amor.

Me pasa frecuentemente en las sesiones que madres y padres se extrañan de lo mucho que se quieren aunque no están juntos como pareja. Ellos mismos se sorprenden, como si no fuera posible. Lo es y, además de precioso, es muy beneficioso para que sus criaturas puedan sentir el amor que se profesan más allá de la forma que ha adoptado su relación. A Clara y Julio les pasaba esto mismo, por eso volvieron tras la separación, les costaba entender que podían seguir funcionando como equipo madre-padre, guardarse cariño, respeto y amarse, pero no como pareja.

Ana es una madre de dos hijos de ocho y cuatro años que cuando acababa de cumplir los cuarenta sintió una gran alegría, entusiasmo y liberación al descubrir que existía la *separación consciente* y que podía llevarla a cabo a través de un proceso terapéutico. Tras veinte años de relación con el padre de sus hijos, sentía que desde que se había convertido en madre su relación de pareja la mataba por dentro; sin embargo, como seguía sintiendo cariño y quería al padre de sus hijos, no se separaba: si lo hacía sería cuando lo odiara.

Entender que seguirían siendo una familia y que el hecho de que cesara su relación de pareja no tenía que conllevar necesariamente una mala relación entre ambos fue lo que hizo que pudiera hallar la paz necesaria para tomar la decisión que llevaba tiempo sintiendo. Así finalmente se escuchó y habló con el padre de sus hijos.

Desde que se convirtió en madre, Ana había llevado la mayor parte de la carga familiar, tanto en lo referente a la logística como a la crianza, también en lo económico. Sentía que ella era la que tiraba de todo, con el agotamiento y el desgaste que la situación le suponía, por eso no temía lo que viniera después. Lo único que la mantenía en aquella relación era pensar en el deterioro de la relación entre el padre de sus dos hijos y ella.

Se sentó a hablar con él, y la conversación no lo pilló por sorpresa, aunque no le gustó. A partir de ese momento ella inició un proceso de separación consciente que le devolvió la alegría y las ganas de vivir. Y precisamente según avanzaba el proceso de transformación familiar iba sintiendo que el amor por el padre de sus hijos crecía y el rechazo que había empezado a sentir hacia él desaparecía.

Claro que llegar a acuerdos no le resultó nada fácil, pues ella puso los límites que hasta el momento no había puesto con el padre de sus hijos y a él no le sentó nada bien: se resistía a muchos de los cambios que la situación procuraba.

Ana tenía claro que no se enzarzaría en batallas que los perjudicara como familia y dañara a sus hijos, pero asumía que su tiempo de ceder y cargar con todo había terminado. Teniendo en el centro de todas las decisiones las necesidades de sus hijos, se cuidó de no seguir ejerciendo de madre del padre de sus pequeños.

> Hasta el momento había cargado con todo el peso de la crianza y no le preocupaba cómo reaccionaran los niños, pues era consciente de que no les gustaría tener que estar o con papá o con mamá, pero estaba convencida de que podría ayudarlos y acompañarlos como ellos necesitaban, tal y como hasta el momento había sido capaz de hacer. Y así fue, pues si bien el proceso no estuvo exento de dolor, casi nunca lo está, ella supo acompañar emocionalmente a sus retoños para que ellos pudieran ir asimilando e integrando cada uno de los cambios que el final de la relación de pareja entre papá y mamá implicaba.

Y es que... ¿qué es éxito y qué es fracaso? Tal vez es el momento de que resignifiques ambos conceptos en lo que a la familia o incluso a la vida se refiere. A veces vivimos el día a día con ideas o conceptos aprendidos, pero que no son nuestros realmente. La separación ofrece una gran oportunidad para que te preguntes cuáles son tus valores, en función de con qué principios quieres vivir tu vida. Porque para tu madre o para tu abuela, por ejemplo, tu situación es un fracaso, pero no tiene por qué serlo para ti.

TÚ ERES TU MEJOR MAESTRA,
TÚ ALBERGAS UN GRAN PODER DENTRO DE TI,
SOLO NECESITAS ENCONTRARLO.

No tiene nada que ver el contexto en el que se crio y creció tu abuela con el tuyo, por ejemplo, y tampoco es igual al que vivió tu madre y has vivido tú. Así pues, detente y pregúntate qué es fracaso para ti. Para Ana, por ejemplo, lograr vivir la vida que vivió tras la separación era un éxito; fracaso hubiera sido mantener esa relación hasta que la convivencia fuera totalmente insostenible.

Gabriela y Alberto llevaban diecisiete años como pareja cuando se convirtieron en madre y padre. Hasta ese momento consideraban que su relación había sido muy buena, pero cambió drásticamente durante los dos primeros años de su hija, hasta llegar al punto de sentir que la distancia entre ambos era insalvable. Se planteaban la posibilidad de separarse cuando llegó el confinamiento; para entonces la relación estaba muy deteriorada y con esta situación las discrepancias se volvieron diarias y repetidas, ya no eran capaces de hablarse sin reproches.

Verse obligados a convivir durante los meses del confinamiento sin la posibilidad de salir de la casa ni verse con nadie les hizo tomar la determinación de separarse. Ambos recuerdan aquella etapa como un infierno; para cuando él pudo buscar otra vivienda y acabar así con la convivencia, ambos sintieron un gran alivio.

Que cada uno contara con su espacio propio permitió que los ánimos se calmaran y vieran la situación con perspectiva. Y aunque la sombra del fracaso asomaba de vez en cuando, lo habían pasado tan mal juntos y sentían un alivio tan grande que se abrieron a la posibilidad de que tal vez fracasar era seguir aguantando y ser infelices, en lugar de aceptar que ya no sumaban como pareja y que podrían mantener una relación como familia, pero no más íntima.

Necesitaron tiempo para volver a sentarse juntos y llegar a los acuerdos necesarios por el bien de su familia, pero lo lograron gracias a que se dieron cuenta de que así podían funcionar como madre y padre mejor que antes. Su valor como figuras parentales no estaba en mantener la relación de pareja, sino en estar bien consigo mismos y poder hacer equipo con el otro.

Y es que la separación en sí no existe, especialmente si hay peques de por medio. La forma de relacionarse cambia, pero el vínculo sigue existiendo. La persona a la que has amado te ha marcado de alguna manera, vuestra relación te ha permitido crecer y evolucionar, has aprendido y es algo que queda para siempre. El vínculo no se rompe. Puede ser más fuerte o más débil, pero sigue existiendo.

Máxime cuando compartís el fruto de vuestro amor: vuestros hijos. Eso hace que vayáis a seguir siendo madre y padre de las mismas criaturas hasta el último día de vuestras vidas, sea como sea vuestra relación. Es como cuando dos hermanos con cuarenta años están peleados y no se hablan, nadie duda de que sean familia, en vuestro caso igual, sea como sea vuestra relación seguís siendo familia.

Tal vez lo mejor sea aceptar que vuestra relación de pareja ha llegado a su fin de esa forma determinada, que vuestro ciclo como tal ha terminado para dar lugar a otra cosa, a una relación con una forma diferente.

No has fracasado por separarte. Probablemente te has escuchado o la vida te ha obligado a que la escuches. Sea como fuere, se te ha presentado una gran oportunidad para crecer y para vivir una vida más acorde a ti. Tienes la posibilidad de apagar el automático de tu existencia, la inercia, para coger el volante y ser tú la que conduzcas tu propia vida.

Recuerdo que, en una sesión grupal con madres, una de ellas lanzó la pregunta de qué entendíamos por fracaso, a lo que otra le respondió que para ella fracasar es vivir una vida en la que no sientes amor, una vida de supervivencia, en la que sigues adelante por inercia, pero vacía de amor.

Iván y Claudia son padre y madre de un pequeño de cuatro años. En su relación de pareja vivían como cómplices, se amaban y sentían una gran admiración mutua, y por eso no se esperaban que con la base sólida que habían construido una separación entre ellos fuera posible, y más con la historia que había vivido Iván de niño, cuando sus padres se separaron de una manera conflictiva.

Pero con la maternidad y la paternidad ambos crecieron mucho, aunque a ritmos distintos y en direcciones diferentes. Por él hubieran aguantado, porque la idea de la separación le aterraba, pero ella decidió que no merecía la pena aguantar, pues estaban haciéndose mucho daño innecesariamente.

Tras la separación, Iván seguía sintiendo admiración por Claudia y sentía que había fracasado.

Tuvo que pasar por un proceso profundo para poder vislumbrar de dónde venía realmente aquella sensación, que no estaba tan relacionada con el final de la relación de pareja con Claudia como con su experiencia infantil.

Desde que su madre terminó la relación de pareja con su padre, cuando él rondaba los doce años, se había sentido en medio de los dos; sus padres solían pelearse. Además, desde entonces recuerda a su padre triste, sintiéndose un fracasado y una víctima de la separación. Por eso Iván, de forma inconsciente, ocupó el papel de padre de su propio padre, con la carga que aquello conllevaba y con la esperanza de que algún día pudiera verlo feliz. Sin embargo, esto no sucedió, y precisamente al tiempo que Claudia y él se separaban, su padre falleció y con él la esperanza de Iván de verlo feliz.

Iván necesitó diferenciar qué de lo que sentía tenía que ver con el final de su relación de pareja y qué con lo que vivió de niño. Observar su linaje y las experiencias que habían tenido sus ancestros en las relaciones de pareja lo ayudó a poner perspectiva y a entender la oportunidad que se le estaba presentando con Claudia: sanar esta herida de su linaje y liberar así a su hijo para que él no cargara con la misma herida con que él había estado cargando hasta el momento.

No fue fácil para Iván y necesitó poner distancia con Claudia para poder llevar a cabo su propio proceso personal. Le aterraba la idea de alejarse de ella, pues había sido su mayor apoyo durante los quince años que habían estado juntos, pero vio que era necesario para avanzar y poder construir una relación más sana consigo mismo, con ella y con su hijo. Quería ofrecerle a su pequeño un modelo de padres separados muy distinto al que él había vivido y para eso necesitaba vivir su propio proceso de separación a su manera, haciéndose cargo no solo del dolor que este le generaba, sino del dolor que este despertaba y que tenía más que ver con su vida y la herida de su linaje. Transitándolo desde lo más profundo de sí pudo sanar su herida y liberarse del condicionamiento que esta le procuraba.

Cuando repetimos patrones lo hacemos desde la inconsciencia, así que no merecemos enjuiciarnos, se trata de ponerles luz a través de la consciencia para así poder deshacernos de ellos. De esta manera sanamos el linaje y liberamos a nuestros hijos e hijas de reproducirlos. No somos del todo libres en nuestro comportamiento, sino que estamos condicionadas por nuestra ascendencia, por ello hacemos lo que podemos con lo que traemos.

Por eso es importante tener en cuenta de dónde venimos, pues nuestra historia personal y contextual nos condiciona inevitablemente en nuestra forma de pensar, de estar en el mundo y de relacionarnos.

> LA SEPARACIÓN EN SÍ NO EXISTE,
> ESPECIALMENTE SI HAY PEQUES DE POR MEDIO.
> LA FORMA DE LA RELACIÓN CAMBIA,
> PERO EL VÍNCULO SIGUE EXISTIENDO.

Cuanto más tiempo, mejor

Superada esta creencia limitante, o más bien, transitada, me topé con otra, y es que lo longevo tiene más valor. En nuestra sociedad parece que, cuantos más años se mantenga la relación de pareja, más valor tiene. Como si la cantidad de tiempo tuviera más valor que la calidad de lo compartido.

Me viene a la mente esa pareja que desde fuera todo el mundo describe como perfecta y que, sin embargo, después de muchos años de relación se separa; entonces, al enterarse, todo su entorno se queda con la boca abierta. A lo mejor si se hubiera observado por la mirilla de la cerradura se habría visto a dos personas que ya no se ven, una pareja en la que cada cual va a lo suyo, que creció a ritmos distintos en direcciones diferentes y que ya no se aportaba nada. Tampoco había desgaste de discusiones porque tienen muy definidos los roles, y así cada cual se ocupaba de su parte sin necesitar o requerir al otro, por lo que se dejaban llevar por la inercia y el piloto automático de los quehaceres diarios.

> NO APRENDEN POR LO QUE LES DECIMOS
> QUE HAGAN, SINO POR LO QUE NOS
> VEN HACER.

O esa pareja que jamás se separa y que, sin embargo, se ve a leguas que no suman el uno al otro, que la relación ya está viciada, pero la idea de separarse es impensable porque tienen muy arraigada la idea de que hay que aguantar, o porque es lo que hay, porque el miedo a la separación los mantiene juntos... o por la razón que sea.

Mercedes pasaba la cuarentena y llevaba casada unos treinta años. Tenía catorce cuando comenzó a salir con el padre de sus hijos, ya preadolescentes. Hacía años que de vez en cuando se le pasaba por la mente la idea de separarse, pero siempre terminaba desechando la posibilidad por sus creencias y miedos por lo que creía que suponía separarse y lo que eso podía conllevar para sus hijos.

Su relación de pareja había sido muy machista; de hecho, muchas de sus actitudes y de las del padre de sus hijos lo eran, pero ella no las identificaba como tales, por lo que normalizaba situaciones de sumisión que sufría. Identificarlas fue clave para que al separarse no replicara lo mismo ni durante el proceso de divorcio ni después de este.

El proceso fue algo largo y tedioso para ella, y al mismo tiempo una gran oportunidad para sanar y liberar a su hija de repetir el patrón que ella estaba reproduciendo y que replicaba: el de su madre y el de su abuela materna. No querer que su hija reprodujera lo mismo y desear que tuviera otro ejemplo en la forma de relacionarse con los hombres le dio fuerzas para, una vez que tomó consciencia, romper el patrón.

Le puso mucho coraje y determinación al proceso; de hecho, como estaba decidida pero no sabía cómo llevarlo a cabo, pidió ayuda, pues sentía que sola no podía. Y cuando la separación se consumó, pudo mirar atrás y reconocer que todos y cada uno de los miedos que había tenido estaban basados en sus creencias limitantes y que había podido volver a ser feliz como hacía muchos años que no lo era y que veía a sus hijos más contentos.

Lo más sorprendente para ella y casi inexplicable desde su punto de vista fue que la relación con el padre de sus hijos mejoró notablemente.

Su relación se había deteriorado hacía muchos años; tras la firma de la sentencia de divorcio se vieron obligados a convivir

> durante unos meses y aquella fue una etapa muy desagradable y tensa, porque Mercedes ya no mantenía su papel de sumisa; sin embargo, una vez que cesó la convivencia, la relación entre ellos dio un giro de ciento ochenta grados.
> Mercedes perdió el miedo a darse su sitio, el miedo a que el padre de sus hijos se enfadara y esto repercutiera en los menores, y aprendió a respetarse. Tanto fue así que llegó a sentir que ya se podía morir tranquila, pues sentía que era dueña de su vida y era ella la que elegía.

Sobre lo que te comentaba acerca de la creencia de que las relaciones son mejores cuanto más largas..., bueno, posiblemente se vea más claro en las relaciones de amistad. A veces pasa que tienes una amiga que crees que va a ser para toda la vida porque os une una relación muy estrecha e íntima, y después resulta que no, que vuestros caminos se distancian por imposible que antes pareciera y sin motivo aparente; simplemente ya no sientes la misma conexión: es como si aquella química tan intensa ya no existiera, y con el tiempo encuentras otra gran amistad. O puede que hayas tenido amistades de toda la vida, desde el colegio, amistades sin duda muy valiosas y longevas; sin embargo, cuando te convertiste en madre, con todo el revuelo emocional que llega en ese momento, encontraste a alguna amiga reciente que te supo entender y ayudar como ninguna. A mí me pasó esto último durante mis primeros años de crianza, cuando conocí a mujeres cuya amistad fue un bálsamo para mí. Eran amistades recientes, pero supusieron un apoyo y una ayuda como ninguna otra hasta entonces; que nuestra amistad fuera reciente no le restaba valor. Es decir, parece que porque una amistad es muy longeva tiene que ser más valiosa, cuando no tiene por qué ser así.

Me acuerdo de Marta, Maite, María, Cecilia, Menta, Lola, Carmen, Lina... y tantas otras (durante mis primeros años como madre mi red estaba formada por mujeres) que sumaron mucho en aquella etapa de mi vida. Que algunas ya no formen parte de mi día a día no devalúa el amor que hubo entre nosotras ni el tiempo que compartimos. El vínculo existe porque me marcaron con su escucha, ayuda, respeto, consejos..., con su amor. Me ayudaron a crecer y sobre todo a amarme.

¿Qué les aporta a los hijos y las hijas una familia en el molde estándar y socialmente reconocido si sus referentes no se aman? Lo que aprenden cuando mantenemos relaciones de pareja basadas en el conformismo y el hastío, en las faltas de respeto, en la violencia explícita o implícita y silenciosa, es a conformarse en la vida. Recuerda que no aprenden por lo que les decimos que hagan, sino por lo que nos ven hacer.

Somos sus modelos para todo. Como progenitores, tenemos una grandísima responsabilidad en nuestras manos. Si queremos que el día de mañana tengan relaciones de pareja sanas basadas en el amor y no en el miedo, en el respeto y no en la dependencia emocional, mostrémosles con el ejemplo ese tipo de relaciones de pareja. Si no queremos que se conformen, no te conformes tú. Si queremos que se amen a sí mismos, ámate tú en primer lugar.

El amor propio es el camino. Vive como si tú fueras la persona más importante de tu vida y siéntelo así, porque, además, así es. Tú eres la única persona que convivirá y estará contigo hasta el día de tu muerte.

Considero que basar la vida en este tipo de creencias permite sobrevivir en lugar de vivir. ¿Acaso no te mereces ser feliz?

Sin embargo, cuestionarse las propias creencias es un camino que acerca a la libertad, y tomar las decisiones con consciencia es el camino para vivir una vida plena.

Ahora bien, date tu tiempo. No es algo que se consiga de la noche a la mañana. Yo misma he necesitado años para recorrer este camino, y en distintas ocasiones necesité apoyo. Por ello pedí ayuda, a veces a familiares, otras a mis amistades y otras a profesionales. Según el momento en el que estaba y según como me fuera sintiendo en cada instante.

No te exijas completar todos estos cambios con un chasquido de dedos, porque no es posible. Ten paciencia contigo, respeta tus tiempos y háblate con cariño, no te exijas.

Tener este libro entre tus manos es estar ya en el camino, no te esfuerces porque no es necesario. Deja que el mensaje vaya calando, continúa con la lectura a tu ritmo y obsérvate en tus pensamientos, en tu discurso, pues al observar lo que te dices y cómo te cuentas las cosas puedes tomar consciencia de tus propios mecanismos; ese es el primer paso para cambiarlos si no te hacen bien.

La vida en pareja es una vida mejor

Esta es una creencia con la que yo había crecido. Como si las personas que no tenían pareja fueran «pobrecitas». Crecí escuchando aquello continuamente, como si se tratara de personas con algún tipo de defecto o carencia. Puede que esta fuera una de las creencias que más me costara transitar, precisamente por eso, por la fuerza que tenía al haber crecido con ella desde bien pequeña.

Ahora puedo decirte con total seguridad que tu felicidad no depende de tu pareja, como tampoco depende de tus peques. Tu felicidad solo depende de ti; sentirte completa contigo misma es un regalo que te animo a que te hagas, si no lo has hecho ya.

Además, es un regalo también para tus criaturas, pues a veces sin darnos cuenta los cargamos con la responsabilidad de hacernos felices, cuando tu felicidad y la plenitud solo pueden nacer de ti misma para que sean reales. Pretender que tu pareja, tu relación de pareja o tus peques te hagan feliz es solo poner un parche para tapar una herida que termina reventando y haciendo añicos la tirita que te habías puesto.

En las parejas en las que ambas partes se desconectan de sí mismas es habitual encontrar reproches del tipo: «Para estar bien, necesito que tú...». Sin embargo, el camino para tu felicidad y plenitud no está fuera de ti, sino dentro. Conectar contigo, con tu esencia, te permite detectar tus necesidades y atenderte a ti misma.

Te recuerdo que tú eres la persona más importante de tu vida y también la que primero necesita cuidado, respeto y amor. Pero no se trata de que vayas a alguien de fuera a demandar que te dé lo que tú necesitas, sino que seas tú misma la que se ocupe de ti. En la medida en que te cuides, te respetes y te ames, así podrás cuidar, respetar y amar al resto de las personas.

Sé que no es fácil integrar esto cuando desde la infancia hemos obviado nuestro ser y hemos desconectado de nuestra esencia en pro de sentir que nos amaban. Cuando hemos hecho y dicho lo que los demás querían para lograr así la aprobación y sentirnos queridas. Sin embargo, es posible hacer el cambio; además, resulta liberador y sanador.

Desde que nacemos, las personas buscamos que nos vean y nos quieran. Para lograr atender tales necesidades, como la de pertenencia, hacemos lo que haga falta. Fíjate en los niños y las niñas: prefieren hacernos enfadar para captar nuestra atención antes que soportar el hecho de que no los veamos. Por eso muchas veces hacen cosas que saben que nos enfadan, porque, al menos, aunque sea enfadadas y riñéndolos, nos tienen ahí presentes.

En tu infancia, tú hacías lo mismo, buscar la forma de que te vieran y sentirte parte de la familia, y te comportabas de forma que lograras satisfacer esas necesidades básicas. Es decir, según las expectativas de los demás, en lugar de hacerlo tal y como te sentías en cada momento. Ya fuera haciendo ruido o todo lo contrario, siendo la niña buena y responsable que los demás esperaban de ti.

Por eso ahora, en la adultez, es importante dejar a un lado las expectativas que nuestro entorno tiene acerca de nosotras y nuestras decisiones para vivir nuestra propia vida en función de la conexión con nuestro ser. Te toca decidir si quieres vivir siéndote leal a ti o a los demás; es decir, vivir por y para ti o vivir para los demás. Siéndote leal podrás dar a los demás lo que necesitan de ti sin que eso suponga renunciar a ti misma. De este modo, será posible recorrer el camino de sentirte plena y despojarte de la carga de tener que gustar a todo el mundo.

Creer que tu felicidad depende de la otra persona, que tu vida no está completa sin esa persona, es otro lastre a la hora de tomar la decisión de separarte o un peso con el que cargas si ya te has separado y que te dificulta darte cuenta de que ya tienes todo lo que necesitas para sentirte completa: a ti misma.

> TÚ ERES LA ÚNICA PERSONA QUE CONVIVIRÁ
> Y ESTARÁ CONTIGO HASTA EL DÍA DE
> TU MUERTE.

Deja de mirar hacia fuera para comenzar a mirar hacia dentro. Te mereces ser feliz, vivirte y celebrarte por ser la persona que ya eres. Quítate ese peso de tus hombros y camina erguida por la vida. Eres una persona muy valiosa por lo que ya eres.

Te propongo un ejercicio que puede ayudarte a ello. Cada mañana, al levantarte y asearte, mírate a los ojos en el espejo y dite: «Te quiero, te amo, tú vales mucho». Puede que al principio te resulte difícil, e incluso te sientas incómoda o que no te lo creas. Acoge lo que sientas en ese momento, no lo evites creyendo que está mal sentir eso que sientes.

Sea cual sea la sensación que tengas, déjala estar. No la juzgues. Mantén la mirada en tus ojos y dite la frase completa. Si te resulta más fácil, añádele una coletilla al final que diga: «Eres mucho más que tus errores».

Te animo a que adquieras este compromiso contigo, el de dedicarte estos segundos al inicio del día diciéndote: «Te quiero, te amo, tú vales mucho. (Eres mucho más que tus errores)». Si lo necesitas, escríbela en una nota y colócala junto al espejo a modo de recordatorio.

Como hizo Eva, que se la escribió con barra de labios en el espejo. Las primeras veces que trataba de leerla no era capaz de hacerlo en voz alta, se emocionaba y rompía a llorar, así que se abrazaba mientras lloraba y se decía internamente la frase. Así un día tras otro hasta que pudo decirla en voz alta y sintiendo el valor de cada palabra. Había días en que después de decírsela mirándose a los ojos le entraban ganas de chocarse los cinco con ella misma. Terminó convirtiéndola en su frase mantra durante el tiempo que necesitó, hasta que ya no requería de ella para sentir el amor hacia sí misma.

LOS HIJOS NO LO SUPERARÁN. LOS MARCARÁ DE POR VIDA

¿Cómo puedes sentirte en paz con la situación de la separación si piensas esto? Imposible. Yo misma necesité atravesar todos los miedos que sentía en relación con esta idea y entender que era una creencia limitante que bebía de la educación recibida y de nuestra tradición judeocristiana.

De hecho, entiendo que haya personas que, viviendo esta afirmación como verdad, piensen que la decisión de la separación es un acto egoísta. Sin embargo, yo quiero decirte que tus peques te necesitan feliz. Aguantar por ellos es cargarlos con un peso y una responsabilidad que nos les corresponde. Es más, lo que aprenden son cosas que estoy segura de que no quieres transmitirles, como aguantar en un lugar o en una relación porque sí, porque es lo que hay que hacer, porque es lo que está bien, porque es lo normal... o por lo que sea, pero aguantar, aunque no se sea feliz. Con el peligro que entraña que perciban que aguantas por ellos, pues pueden sentirse responsables o culpables de tu infelicidad; aunque por la edad no lo intelectualicen tal cual, pueden percibirlo así.

Las relaciones, como todo en la naturaleza y en la vida, son cíclicas; si en una relación el ciclo como pareja ha terminado, está bien. Reconocer que juntos ya no nos aportamos, no crecemos ni construimos, sino lo contrario, es un acto de honestidad, amor, valentía y responsabilidad.

Si estiramos la relación al máximo tratando de evitar la separación, corremos el riesgo de desgastarla hasta llevarla a la UCI; separarnos en ese momento con consciencia, desde el respeto y el amor es mucho más difícil, pues los egos ya están muy heridos y el desgaste emocional es mucho mayor.

En estos casos, las criaturas pueden convertirse fácilmente en hijos pegamento. Se convierten en el pegamento de dos personas que puede que permanezcan juntas en forma de pareja pero que no están unidas.

> AGUANTAR POR ELLOS ES CARGARLOS
> CON UN PESO Y UNA RESPONSABILIDAD QUE
> NOS LES CORRESPONDE.

Puede pasar que pienses: «Bueno, pero al menos están con ambos y no tienen que estar o con el uno o con el otro». Claro, pero ¿a qué precio? ¿A costa de qué? Imagina que mantenéis la relación de pareja «por ellos»; sin embargo, el tiempo que pasas junto a tus peques probablemente no sea de calidad, tu cuerpo está a su lado, pero no tu mente, que puede llegar a estar bien lejos.

Nuestro sentir es lo que les llega, pues, como me decía una formadora que tuve, «de lo que no hay no sale», y nos guste o no, los niños y las niñas reciben y perciben lo que tenemos dentro. Tienen el mayor radar de autenticidad que existe y detectan cuando estamos a su lado pero con la mente en otra cosa, y cuando estamos de verdad. Puede que te tengan cerca en una circunstancia así, pero no disfrutarán de ti en tu esencia, porque, si no te sientes en paz, no puedes transmitirles otra cosa, como el hecho de que todo está bien.

Nos necesitan felices y, aunque el proceso de transformación familiar supone un duelo en muchas ocasiones y requiere su tiempo de adaptación, la realidad es que la felicidad llega si te ocupas de ti.

Paloma es madre de unas gemelas de ocho años y llevaba media vida con el padre de estas. Hacía dos años que quería separarse, y dio el paso inicial en tres ocasiones, pero una vez que llegaba el momento de que uno de los dos dejara la vivienda familiar se echaba para atrás. El miedo que sentía era atroz, la idea de la soledad la abrumaba muchísimo y no se veía capaz de ser feliz sin pareja. Y aunque el padre de sus hijas sabía que ya no lo amaba, para él estaba bien su relación, aunque llevaran mucho tiempo durmiendo en habitaciones separadas.

Cuando inició el proceso terapéutico fue porque se sentía en una encrucijada, notaba que se estaba muriendo en vida, al tiempo que no se atrevía a dar ningún paso en la dirección que su fuero interno le indicaba. Finalmente, habló con el padre de sus hijas, después charlaron con sus criaturas, y Paloma se fue del que hasta entonces había sido el hogar familiar.

Paloma lo había estado pasando fatal y vivía con ansiedad porque siempre andaba pensando en el futuro. Un futuro que no existía y que solo estaba en su mente, pero era un futuro que pintaba tremendamente negro. Aquel era el verdadero obstáculo, lo que ella imaginaba que sería su vida tras poner fin a la relación de pareja.

Lo que sucedió después se parecía más a un resucitar que a otra cosa. Y es que a las pocas semanas y con una sonrisa inmensa reconocía lo feliz y en paz que estaba. Sentía un profundo alivio y se notaba llena de vida. Llevaba años en una relación en la que no quería estar, y encontrarse con ella misma fue el mayor regalo que pudo recibir.

Había pasado años malviviendo porque de cara a la galería fingía que todo estaba bien, pero guardaba en secreto una tormenta (la idea de la separación) que no la dejaba respirar; además, lo que sus hijas percibían estaba lejos de ser una relación de pareja basada en el cariño y amor porque entre el padre de estas y ella no había ningún tipo de contacto físico ni complicidad. Con la transformación familiar, sus hijas recuperaron a una madre feliz, llena de vida y en paz, como ella repetía al final del proceso de acompañamiento.

Tus criaturas no necesitan una madre perfecta y *superwoman*, sino que te necesitan a ti tal y como eres, pues ya eres preciosa. Tienes ante ti la oportunidad de reencontrarte contigo y enamorarte de ti, aprovéchala. Probablemente necesites tu tiempo, dátelo, halla la paz y en ella encontrarás la felicidad. Atreverte a ser tú misma siéndote leal es uno de los mayores legados que le puedes dejar a tu prole, pues no aprenden por lo que les decimos que hagan, sino por lo que nos ven hacer.

No puedes ocuparte de su felicidad porque no está en tus manos, pero sí puedes ofrecerles un modelo de persona que construye su propia felicidad.

> NO SE TRATA DE EVITARLES EL DOLOR
> Y LAS SENSACIONES DESAGRADABLES A TODA
> COSTA, SINO DE ACOMPAÑARLOS A
> TRANSITARLO, PORQUE EL DOLOR,
> COMO LA ALEGRÍA, FORMA PARTE INHERENTE
> DE LA VIDA.

Tú, junto con su padre, sois sus mayores referentes y reproducirán modelos de relaciones de pareja en función de lo que hayan aprendido de vuestro ejemplo y del paradigma que les ofrezcáis en adelante. Por lo tanto, si no quieres que reproduzcan relaciones amorosas basadas en el conformismo, el hastío y la inercia, no las tengas tú tampoco.

Salvo cuando la separación es una liberación, porque lo que había en la convivencia era en sí muy doloroso y desgastante, lo más probable es que a tus peques les duela la separación, como tal vez te duela a ti también. El dolor forma parte de la vida, y a veces se nos olvida, por lo que se lo queremos evitar a toda costa a los hijos, pero eso no es posible. Lo que tienes por delante es una oportunidad maravillosa para que aprendan a transitar el dolor de una forma saludable. El cómo vivan este dolor les permitirá integrar el aprendizaje para cuando lleguen otros momentos dolorosos en sus vidas.

Más adelante te contaré cómo puedes acompañarlos en este sentido, pero ahora me gustaría reflexionar un poco más acerca de cómo tu voluntad por evitarles el dolor y el sufrimiento en su día a día puede suponer un estrés mayor para ti. Estrés que tus peques reciben y que entonces puede generar sufrimiento, si no lo había, o un sufrimiento mayor, si este ya existía. Voy por partes.

Ya desde bebés añoran el útero materno, y no hay mucho que podamos hacer más que acompañarlos en su necesidad de cobijo. El mundo actual, y más en nuestra cultura, es un lugar muy hostil para un bebé; una vez que sale del útero, sienten innumerables sensaciones desagradables: frío, calor, ruido, incomprensión..., y después llegará el momento en el que querrán hacer cosas que no podrán, por lo que llegará *doña frustración*. Esto no solo sucede de bebé y de muy peques; según crezcan, las sensaciones de malestar seguirán acompañándolos, aunque los motivos cambien.

Por ello no se trata de evitarles el dolor y las sensaciones desagradables a toda costa, sino de acompañarlos a transitarlos, porque el dolor, como la alegría, forma parte inherente de la vida.

Si vives con preocupación ese dolor que crees que van a sentir, recibirán esa preocupación tuya, que transmitirás aunque no quieras. Y es que, como te decía antes, «sale de lo que hay, y de lo que no hay no sale»: van a percibir lo que sucede y, al no verte bien, van a sufrir por ti, porque sienten que no estás tranquila. Será como un círculo vicioso, tú te preocupas por que no sufran, y ellos, al percibir tu preocupación, se preocupan por ti, y tú más por ellos, y así entráis en una espiral sin fin.

No se trata de que de repente te sientas bien con lo que estás viviendo, no. Somos seres emocionales por naturaleza, y es bueno que te permitas sentir cada emoción como lo que es: una ola que viene y que se va. Profundizo sobre ello más adelante. Ahora bien, si a las emociones que ya sientes les añades intranquilidad por el dolor que puedan sentir tus peques, el revuelto emocional que puedes transmitirles es mucho mayor.

Este sufrimiento por ti sí que es evitable, sí que está en tu mano eliminarlo de sus vidas. Puedes dejar estar la situación tal y como es y acompañarlos en sus emociones. Lo que sucede muchas veces es que hemos crecido en una infancia analfabeta emocionalmente y nos dan miedo las emociones, sobre todo las que nos incomodan.

Al desconocer cómo transitarlas tú misma, asusta el hecho de afrontar y acompañar las de los más pequeños. Por eso dedicamos un capítulo completo a las emociones, para ayudarte a soltar el miedo a que pueda dolerles la situación y que sepas cómo puedes acompañarlos.

En este sentido, lo importante es que sepas que pueden adaptarse al nuevo molde familiar, y este momento formará parte de la historia de sus vidas sin tener por qué dejarles secuelas ni traumas.

Si al hecho de la separación le quitamos el peso de las creencias limitantes que tenemos tan arraigadas, podemos vivir una separación consciente, permitirnos transitar el dolor que esta situación pueda generar y vivirla como una oportunidad para tener una vida mejor. La separación puede ser un acto de amor a ti misma y a vuestra familia. Cambia tu mirada en torno a la separación y podrás vivir con más ligereza esta situación.

Ejercicios

¡Hola! Soy Miguel Ángel y, como en cada final de capítulo, te voy a acompañar para ayudarte a integrar la información que has leído hasta ahora; voy a hacerlo a través de propuestas de ejercicios que te animo a realizar. Aunque no nos conozcamos me gustaría ser tu *coach* a través de estas tareas; de hecho, al final de mis sesiones suelo mandar prácticas para bajar de lo intelectual al corazón, y así integrar los nuevos aprendizajes.

¿Te has descargado ya el cuaderno de ejercicios? Lo tienes para ti en https://creada.es/ejercicios. Imprímelo para comenzar, así la escritura será manual y no digital, pues es mucho más beneficioso el efecto que produce la primera sobre la segunda. Y si lo prefieres, coge un cuaderno tuyo y bolígrafo y vamos a ello.

Cuando nos enfrentamos a la posibilidad de separarnos o divorciarnos, comienzan a aflorar miedos y creencias limitantes, por ello en esta ocasión te propongo:

Ejercicio sobre creencias[1]

Muchos de los miedos ante una separación o un divorcio están relacionados con las creencias. Y más allá de reflexionar sobre estas y de trascenderlas para seguir creciendo, también puedes llevar a la práctica ejercicios como el que te propongo para ayudarte a avanzar en el momento vital en el que te encuentras.

Las creencias pueden ser limitadoras o potenciadoras. Al reflexionar sobre las que tienes en torno a la separación, puedes tomar consciencia de cuáles te limitan para, así, deshacerte de estas porque te perjudican, y de este modo acoger otras nuevas. Y es que, al ser capaz de sustituir tus creencias limitadoras por otras potenciadoras, estarás dando pasos hacia la aceptación de tu nueva realidad.

Pasa como con la ropa. Puede que de adolescente o de muy joven te compraras una camiseta que te gustaba mucho, pero con el tiempo esta puede que se haya estropeado o que te quede pequeña. No es que la camiseta siempre fuera mala, es que te sirvió durante un tiempo, pero ya no cumple su función, ya no encaja contigo o te queda pequeña. Es el momento de hacerte con una nueva que cumpla su función y te haga bien.

Identifica tus creencias limitantes:

- Escribe en una hoja de papel cada creencia que quieres cambiar porque son ideas que te generan culpa o, de alguna manera, te quitan el sueño. Escríbelas en frases cortas y con palabras muy precisas. Por ejem-

1. Basado en O'Connor y Lages, *Coaching con PNL*, Ediciones Urano S. A., Barcelona, 2004.

plo: «Mis hijos no lo superarán», «La separación los marcará de por vida».
- A pesar de que te limita, tiene alguna intención positiva. En algo te beneficia para que la asumas durante tanto tiempo. Por ejemplo, siguiendo la idea de la creencia anterior, «En la medida que me identifico con esa creencia, me creo fundamental y muy importante en la vida de mis hijos». Tomar consciencia del para qué de dicha creencia puede ayudarte en el proceso de deshacerte de ella.

Identifica tus creencias potenciadoras:

- Escribe ahora la nueva creencia que quieres tener. Lo ideal es que en un folio en vertical dibujes una línea que vaya de arriba abajo del folio y así quede dividido en dos. La columna de la izquierda la dejas para las creencias limitantes y la de la derecha para las potenciadoras. Se trata de transformar las primeras en creencias potenciadoras. Puedes unir con una flecha las primeras a las segundas.

Creencia limitante	Creencia potenciadora
Mis hijos van a quedar traumatizados si me separo	Mis hijos van a ser más felices gracias a la separación

Como puedes ver en el ejemplo:

- Formula cada afirmación en positivo, en presente y en primera persona.
- Utiliza frases cortas.
- Debes sentirte a gusto con ella y no perjudicar a otras personas.

1. La creencia potenciadora debe satisfacer la misma intención positiva que la limitante. Somete a duda cada creencia limitante, es decir, cuestiónate qué sentido tiene. Para ello responde a lo siguiente:

   - ¿Esta creencia es realmente tuya o la has heredado de tu entorno? (Familia, escuela, amistades...)
   - ¿Desde cuándo llevas escuchando esta creencia?
   - ¿Encaja realmente con tus valores actuales?
   - ¿Cuáles son los inconvenientes de esta vieja creencia?
   - ¿Ha habido alguna situación en la que lo sucedido no se correspondiese con esa creencia?
   - ¿Qué sentías al creer en esa vieja creencia?

2. Ábrete a la creencia potenciadora. Para ello responde a lo siguiente:

   - ¿Qué creencia es mejor?
   - ¿Qué diferencia implicaría en tu vida aceptar la nueva creencia?
   - ¿Qué podrías hacer que no estás haciendo ahora?
   - ¿Qué tendrías que dejar de hacer de lo que estás haciendo ahora?
   - ¿En qué es más útil la nueva creencia que la anterior?

3. Envía la antigua creencia al «almacén de viejas creencias»; para ello crea un ritual en el que hagas desaparecer las viejas creencias y a la vez las honres. Por ejemplo, crea un ambiente íntimo y escribe las viejas creencias en pequeños papelitos. Después puedes quemarlos y usar las cenizas para alimentar una planta que te recuerde de dónde vienes.

4. Pasa a la acción. Piensa y lleva a la práctica todo lo que puedes hacer de forma diferente con tu nueva creencia, la que ahora estrenas. Para llevarla a la acción, lee cada noche antes de dormir, y tantas veces al día como sientas, durante cuarenta días, cada creencia potenciadora.

La dificultad para sustituir las creencias nuevas por las antiguas estriba en que están hundidas en el inconsciente. Para acceder a él se llega con símbolos e imágenes, de ahí la importancia de los rituales.

En el ejercicio que te propongo, el número 40 tiene una fuerte carga simbólica; al recordarlo antes de dormir, estarás creando una «autopista» para llegar a tu inconsciente.

Registro de parejas

Reconozco que he dudado mucho acerca de si añadir o no este ejercicio, pues hay una línea muy fina entre observar y juzgar. No se trata de observar como si miraras por el hueco de la mirilla, sino de observar con ánimo reflexivo para lograr una visión más amplia. Todas las personas lo hacemos lo mejor que sabemos y podemos en cada momento, y todas andamos en esta vida para sanar y crecer en el proceso. Por lo que te animo a tener esto en cuenta, para poder dejar a un lado el juicio y que así esta actividad te resulte provechosa.

Lo que pretendo con esta actividad es poner de relieve que las parejas no son siempre el ideal que tenemos en mente; lo que sucede más bien es que las parejas nos reflejan cuando andamos en un proceso de separación; estoy hablando de aquello que deseamos tener y aquello que puede despertar el dolor y frustración de las expectativas y el proyecto de vida no cumplido. De hecho, parecería que en la vida adulta la vida en pareja es la mejor, pero afortunadamente cada vez se dan más casos de personas que deciden llevar a cabo modelos de vida y familiares muy diversos que enriquecen, ofreciendo así un nuevo paradigma de convivencia.

Llegados a este punto, te animo a que hagas un registro de las parejas que conoces siguiendo el siguiente cuadro. Esto te ayudará a comprobar que lo socialmente establecido no es necesariamente lo mejor. Recuerda: el conflicto es inherente a las relaciones; si no hay conflicto, es que uno de los miembros de la pareja se está sometiendo al otro.

Pareja	¿Están unidos o solamente juntos?	¿Tienen conflictos o en apariencia todo es idílico?	¿Cuánto tiempo llevan juntos?	Cada uno de ellos ¿está mejor en pareja o solo?	Si tienen hijos, ¿tienen algún comportamiento que denote que algo no va bien?

2

SEPARACIÓN CONSCIENTE

¿Por qué separación consciente? ¿Cuál es la diferencia con la separación al uso? Son totalmente dispares. En la separación consciente, como en la crianza consciente —al contrario de la más habitual—, ante cualquier toma de decisión hay una reflexión, un cuestionamiento acerca de ella. Además, se hace teniendo en cuenta a las criaturas como partes afectadas de cada decisión, valorando tanto sus necesidades como el momento del desarrollo evolutivo en el que se encuentran.

Si nos dejamos llevar por la inercia, educamos desde nuestro automático, desde el registro que tenemos en nuestro cerebro, es decir, tal y como lo hicieron con nosotras. Sin embargo, en la propuesta de crianza consciente lo que se pretende es que paremos, que nos cuestionemos cada decisión y la tomemos desde la consciencia de lo que estamos haciendo, diciendo, pensando en cómo lo hago e incluso en si lo hago desde el amor o desde el miedo, y siempre viendo a la personita que tengo delante, entendiendo y atendiendo sus necesidades.

En el caso de las separaciones de pareja, si lo hacemos desde el automático, podemos caer con facilidad en separarnos desde el conflicto, desde las heridas de cada cual; entonces, tal vez se nos olvide cuidar y, en los casos en los que sea necesario, proteger a quienes más lo necesitan en este momento: nuestros hijos y nuestras hijas.

Durante muchísimos años se nos ha hecho creer, especialmente a las madres, que separarnos es lo peor que les podemos hacer a nuestras criaturas, y el mensaje era algo así como que ya quedarían «marcados» de por vida.

Sin embargo, ahora sabemos que no es así, que la separación y el divorcio en sí mismos no tienen por qué ser causa de problemas psicológicos en los niños y las niñas. Se trata de un acontecimiento que puede ser muy doloroso, pero con tu ayuda y —si es posible— la de su padre lo pueden asimilar y podrán vivir felices adaptándose a la nueva estructura familiar. Y es que lo malo no es la separación, sino todo el peso que le ponemos a esta por las etiquetas, juicios y creencias limitantes.

De hecho, lo que sí influye mucho y negativamente es convivir con una pareja cuyos miembros no se quieren como tal, que se pelean o que no se respetan, pues en esos casos las criaturas van absorbiendo toda la tensión. Mantener durante mucho tiempo una situación de este tipo hará que aprendan a relacionarse con los demás a través de discusiones, peleas y faltas de respeto, normalizando el hecho de vivir en un ambiente carente de afecto y amor. Pues los hijos aprenden que el amor es aquello que ven en casa; por ejemplo, que la pareja se deje de hablar, que no pare de discutir, que haya gritos, golpes o lo que sea, y con mucha probabilidad será lo que reproduzcan en un futuro.

> EN LA SEPARACIÓN CONSCIENTE,
> ANTE CUALQUIER TOMA DE DECISIÓN
> HAY UNA REFLEXIÓN, UN CUESTIONAMIENTO
> ACERCA DE ELLA.

En la separación, una de las situaciones que más dolor puede causar a tus peques es sentir conflicto de lealtades; es decir, tener que elegir entre mamá o papá, así como ser manipulados por sus figuras parentales, pero no la separación en sí.

No te preocupes, que de ello te hablaré más adelante. Ahora lo que me gustaría que entendieras bien, para que puedas suspirar de alivio, es que la separación en sí no es algo malo; en realidad, lo que les puede hacer sufrir tiene más que ver con las interferencias y las proyecciones emocionales de la pareja hacia las criaturas.

Hacer una separación consciente está a tu alcance y es una oportunidad que se abre ante ti y tus peques para experimentar una vida más plena y feliz.

Los dos pilares de la separación consciente:

Poner las necesidades de los hijos y las hijas en el centro de cada una de las decisiones.

Vivir la separación desde tu centro, desde tu yo adulto. Es decir, con consciencia, sin dejarte llevar por el dolor o el revuelo emocional que puedas sentir y comportándote como la niña que habita en tu interior.

Para atender el primer pilar, es imprescindible que atiendas el segundo, y es que con el fin de la relación de pareja es fácil que se abran heridas que nada o poco tienen que ver con ella, y sí mucho con la infancia y la historia de vida de cada cual.

Por eso es importante que te hagas cargo de lo que a ti se te mueve, de tu dolor, de tus miedos, de tus dudas, de tus culpas... y que les des salida; es decir, que te des permiso para sentir lo que sientas y des salida a la expresión de cada sensación, para así poder tomar después cada decisión desde la persona adulta que eres, en lugar de hacerlo desde tu niña interior.

De lo contrario, es fácil que os terminéis comportando como dos peques peleando, pues si cada uno se posiciona en su niño y niña interior, ¿quién se hace cargo responsablemente de los hijos? Si ambos termináis peleando en una batalla de egos, los hijos se quedan huérfanos emocionalmente.

Tus peques no tienen recursos a los que acceder más allá de sus referentes, especialmente su madre y/o su padre. Sin embargo, las personas adultas, a las que se nos supone maduras, podemos acceder a ayuda que nos permita transitar momentos difíciles, como la que nos pueden brindar familiares, amistades o profesionales. Es importante que encuentres tu propio espacio para desahogarte y nutrirte, y así poder vivir la separación desde tu centro y llevar a cabo una separación consciente, esté o no la otra parte conforme con ello.

A veces, la tendencia es caer en el lamento y en el victimismo, los hechos pueden favorecerlo, porque hay situaciones realmente complejas y difíciles; sin embargo, con ayuda puedes afrontarlas mejor. Piensa que si son difíciles para ti, lo son mucho más para tus criaturas; recuerda que su inmadurez cerebral les impide procesarlas con ligereza.

Por eso es tan importante que te ocupes de ti y encuentres el sostén emocional que necesitas para transitar todo el malestar que la situación te puede generar. La mayoría de las veces no vas a poder cambiar lo de fuera, pero sí puedes elegir cómo quieres afrontar la situación. Ahí es donde reside tu responsabilidad, en cómo afrontas lo que la vida te está poniendo delante, pues la situación es la que es y difícilmente vas a poder modificarla, así como tampoco puedes alterar el comportamiento de la otra persona.

Manteniéndote en tu centro, es decir, actuando desde la consciencia, podrás ofrecerles a tus peques el sostén emocional que requieren durante la adaptación a vuestro nuevo molde familiar, y estarás llevando a cabo una separación consciente. De esta forma, mucho antes de lo que puedas imaginar, vuestra nueva estructura familiar te parecerá algo natural, porque realmente lo es.

> SI AMBOS TERMINÁIS PELEANDO EN UNA BATALLA DE EGOS, LOS HIJOS SE QUEDARÁN HUÉRFANOS EMOCIONALMENTE.

En cuanto al primer pilar de la separación consciente, poner en el centro de cada decisión las necesidades de las criaturas, es importante que puedas conocer cuáles son, atendiendo al momento evolutivo en el que se encuentran tus peques. Más adelante vas a poder descubrir algunas de ellas; si quieres profundizar según la edad de tus hijos, hoy en día es fácil que puedas acceder a información acerca de sus necesidades reales, pues hay mucha literatura en relación con el punto de vista tanto psicológico como neurocientífico; se trata de que así puedas atender lo verdaderamente importante y necesario y no aquello basado en creencias culturales y sociales que más que ayudar entorpecen creando culpa.

Puede ser muy constructivo que puedas identificar sus necesidades reales y tus creencias limitantes en torno a lo que tiene que ver con los hijos, para así poder hacer un discernimiento y quedarte con lo que de verdad te suma y te permite avanzar en este proceso que ya de por sí no suele ser fácil ni sencillo precisamente.

Yo abogo por una separación consciente, pero mi expareja no, ¿es posible aun así la separación consciente?

Antes de responderte a esta pregunta me gustaría hacer un inciso. Hablo de expareja por hacer la lectura más ágil, pero te animo a que cuando hables o pienses en tu ex te refieras como el «padre o la madre de tus peques», pues es una forma de desvincularte de esta persona desde el plano íntimo y personal, y así recordarte qué papel ocupa en tu vida y la razón de ser de vuestra relación.

Ahora sí, ante la pregunta de si es posible llevar a cabo una separación consciente aunque seas tú la única de los dos que abogue por ella, la respuesta es que por supuesto que sí. Ante la ruptura conyugal, los menores necesitan que tanto tú como tu expareja sigáis ejerciendo la responsabilidad parental que os corresponde. Y es que ya no sois pareja, pero siempre vais a seguir siendo el padre y la madre de vuestras criaturas, siempre.

> ANTE LA SEPARACIÓN, LO QUE NECESITAN SENTIR TUS CRIATURAS ES QUE SEGUÍS QUERIÉNDOLAS Y CUIDÁNDOLAS.

Lo ideal sería que ambos fuerais capaces de actuar desde la persona adulta que sois y en TODAS las decisiones dejéis vuestras heridas a un lado para poner en el centro a vuestros peques. Pero esto no siempre es posible; si este es tu caso, recuerda que bastará con que uno de los dos lo haga para aportar un gran beneficio y estabilidad a los hijos, pues al menos esa parte de la pareja les estará dando lo que necesitan y ofreciéndoles el espacio de seguridad que les hará sentirse bien y les permitirá tener un desarrollo emocional óptimo.

Ahora bien, dejar a un lado tus heridas no significa ignorarlas, sino apartarlas un poco a la hora de tomar decisiones. Claro que para hacerlo será necesario que atiendas a tu dolor para poder transformarlo. No es tan sencillo como hacer clic en un interruptor, sino que requiere tiempo y forma parte del proceso en el que te encuentras. Dejar a un lado tus heridas y no hacerte cargo de ellas es como ponerle un tapón a un recipiente que acaba desbordándose porque has dejado el grifo abierto. De este modo, las heridas pueden aparecer en forma de desbordamiento emocional en el momento más inesperado con la persona menos oportuna.

Ante la separación, lo que necesitan sentir tus criaturas es que seguís queriéndolas y cuidándolas. Precisan tener la sensación de protección y seguridad que les permita concebir el mundo como un lugar seguro en el que pueden confiar, así como que pertenecen a la familia. El sentido de pertenencia es una de las necesidades básicas más importantes, como la de *sentirse sentidos*, esto es, sentirse escuchados, vistos, tenidos en cuenta y validados. Todo ello, junto a la necesidad de sentirse aceptados y amados, es lo que favorece un desarrollo emocional óptimo, y se lo puedes aportar tú aunque la otra persona no quiera o no pueda. Porque tú ya eres el cincuenta por ciento; si tú tampoco estás disponible, tus peques se quedarán huérfanos emocionalmente en el proceso de separación.

Además, el cincuenta por ciento es mucho más que la mitad cuando hablamos de cubrir las necesidades emocionales. El hecho de que tú les ofrezcas el apego seguro que necesitan recibir los ayudará a integrar el proceso de separación e incluso de una forma casi natural se podrá ir reparando el daño que la otra parte cause en caso de que actúe irresponsablemente.

> SOLO PUEDES CONTROLAR LO QUE PASA DE PIEL PARA DENTRO; TODO LO QUE ESTÁ DE PIEL HACIA FUERA ES INCONTROLABLE.

Y es que creo que en esta sociedad infravaloramos mucho la fuerza y el poder del amor. Más allá de las teorías y de lo que se supone que es lo mejor, está la realidad de cada persona con sus circunstancias, es decir, tu realidad. Centrarte en lo que se supone que es lo mejor en función de ciertas teorías no solo te puede frustrar mucho más, sino generar más culpa y sufrimiento. Es más constructivo para ti y tus hijos que te centres en lo que sí puedes hacer, en lo que está en tu mano, y que sueltes todo lo demás. El amor queda por encima de todo y tus hijos necesitan tu presencia basada en el amor, no en el miedo que te hará entrar en una guerra o engancharte a una batalla que realmente no tiene que ver contigo.

Por eso te sugiero que, al menos tú, ocupes tu lugar de adulta. Tienes más recursos a tu alcance, cuentas con amistades, familiares y/o profesionales a los que puedes acudir y tus peques te tienen a ti. Aunque aquí hago un alto en el camino para animarte a que te cuides de a quién escuchas y te protejas también en este sentido, pues las personas solemos hablar desde nuestros miedos y experiencias, por lo que es fácil que aun cuando tú quieras llevar a cabo una separación desde el amor, desde el respeto y con consciencia, otras personas te animen a entrar en la guerra o te disuadan de hacerlo de esta manera.

Probablemente, lo hacen con la mejor de las intenciones, pero sin pretenderlo pueden causar mucho daño. Por eso es importante que cuides de quién te rodeas y a quién escuchas en los momentos sensibles. Confía en tu intuición y escúchate dando valor a lo que sientes.

Y en cuanto a tu ex, la cuestión está en dónde pones tu atención, en si la pones en cómo lo hace o deja de hacer, o si la pones en ti y tus hijos. Solo puedes controlar lo que pasa de piel para dentro; todo lo que está de piel hacia fuera es incontrolable. Muchas veces vivimos en una falsa ilusión de control, pero es solo eso, una ilusión que está bien lejos de la realidad.

Piensa que el tiempo y la energía que le dedicas a pensar en cómo actúa tu ex es tiempo y energía que no estás poniendo en lo que sí está bajo tu control. Por eso mi propuesta es que haciendo uso de tu responsabilidad tomes la elección acerca de dónde pones el foco, y lo pongas allá donde tienes margen de actuación, que es en ti y en tu relación con lo que más quieres en este mundo.

Tras años de terapia de pareja y muchas conversaciones con Luis, el padre de sus hijos, Cristina tomó la decisión final de separarse. Eran madre y padre de dos menores de seis años; su edad fue determinante para que ella se ocupara de hacer todo lo que estaba en su mano antes de decidir separarse, pues era lo que menos deseaba y quería evitarlo.

Sin embargo, todos sus intentos no fueron suficientes, porque ya no había nada que salvar entre ellos, la relación hacía tiempo que había llegado a su fin, aunque a ninguno de los dos les gustaba esta idea.

Pese a que la decisión estaba más que hablada entre Luis y ella, él lo vivió como algo novedoso y se sintió víctima de la situación.

Llegado el momento, se compró una casa que quiso reformar, así que mientras tanto decidió irse a vivir con sus padres. Allí Cristina era la mala malísima y no escatimaban en hablar mal de ella delante de los hijos. Ella al principio lo sospechaba por las conductas de sus hijos al llegar de casa de su padre, sobre todo del mayor, quien además se mostraba muy enfadado con ella. A Cristina, como es natural, le dolía la situación, pero hablar con Luis era imposible en ese momento, así que se ocupó de sostener y atender emocionalmente a sus pequeños, que era lo que estaba en su mano.

Era una situación difícil, porque ella veía el dolor de sus hijos y al propio había que sumarle el dolor de una madre cuando ve a sus hijos sufrir. Por ello pidió ayuda, para buscar en el acompañamiento profesional el sostén que necesitaba para mantenerse en su centro y transitar todo el dolor, la rabia, la frustración y la tristeza que la situación le provocaba.

Una tarde, tras un momento de explosión emocional de su hijo mayor que ella fue capaz de sostener cuando lo abrazaba tras la resaca que las explosiones de este tipo dejan, él le confesó que el abuelo (con el que el menor convivía cuando estaba con su padre) decía que ella era..., bueno, una serie de improperios que un menor jamás debería escuchar y menos respecto de su madre.

Entender lo que su hijo escuchaba de ella, lejos de afectarle la ayudó a entender más a su pequeño. Eso no la alteró, porque con el trabajo que había hecho hasta el momento había aprendido a discernir acerca de qué era de ella y qué de la otra persona. Podía poner distancia emocional y no tomarse esos insultos como algo personal contra ella, pues tenía integrado que aquello hablaba más del abuelo paterno de sus hijos que de ella.

Entonces ¿no le dolían aquellas situaciones? Sí, y mucho, pero ya había entendido que no se puede evitar el dolor a los hijos, ni cuando la pareja está junta ni cuando está separada. Había podido integrar que el dolor forma parte de la vida misma.

El caso es que Cristina puso toda su atención y energía en lo que estaba en su mano, es decir, acompañar a su hijo en el conflicto de lealtades que estaba sintiendo. Y es que cuando sus hijos llegaban a casa de mamá uno de ellos estaba más irascible y se mostraba enfadado con ella porque no sabía ni podía gestionar el conflicto interno que sentía; en realidad, su conducta no era más que una llamada de socorro a su madre.

A partir de ese momento implementó los recursos y herramientas que tuvo a su alcance gracias a la ayuda que había pedido, y así pudo, a su vez, ayudar a paliar el malestar de su pequeño. Desde la atención que le prestaba, atendiendo a sus necesidades emocionales, pudo ir reparando el conflicto de lealtades que los comentarios y ciertas actitudes de la familia paterna del niño ocasionaban.

Y aunque el mayor durante un tiempo la acusó del malestar que sentía su padre (durante mucho tiempo este se mostraba como víctima y lo dejaba claro con sus actitudes ante los hijos), pasado el tiempo sintió una conexión inmensa con sus hijos y alcanzó una relación de muchísima intimidad y confianza.

Pese a la actitud del padre, ella jamás le puso una mala cara, no le dijo una mala palabra delante de los hijos, al contrario, les mostraba que era bueno y normal que quisieran muchísimo tanto a papá como a mamá y que era también muy bueno que disfrutaran cuando estuvieran con él. Puso palabras a lo que podían estar sintiendo sus hijos siempre que fue necesario y no trató de esconder nada de lo que vivían; era su realidad y cuando la ocasión lo requería la nombraba para que no fuera algo oculto, pues la palabra calma y cura.

Aunque Luis se sigue colocando en el rol de víctima y el hijo mayor tiende a cuidarlo, ella sabe cuál es su papel y se mantiene ahí, donde ve que el amor, como el tiempo, desempeña un papel importante y es capaz de poner las cosas en su sitio.

Así que recuerda: ¿dónde quieres poner tu energía, en lo que sí puedes hacer o en lo que no está en tu mano cambiar? Tener claro esto es especialmente importante cuando además hay diferencias de criterios educativos. Dichas diferencias suceden no solo en las relaciones de progenitores separados, sino que también se dan entre parejas que conviven pero ven la vida y la crianza de distinta forma. Puede estar bien, cada miembro de la pareja es único, viene de una historia de vida distinta y vive cada cual con un prisma. Pero ese es otro tema. Lo que quiero trasladar es la idea de que no tiene por qué ser malo que no lo haga exactamente como tú. Mientras no se caiga en la negligencia, bueno, puede que eso que hace no se corresponda con tu ideal, pero es lo que está eligiendo la otra persona. Es como quiere o puede hacerlo, y también puede estar bien.

Si actualmente no podéis comunicaros de forma constructiva y establecer pautas comunes, déjalo estar y ocúpate de lo que está en tus manos, que es mucho y muy importante: tú y tu relación con tus hijos.

No entres en la lucha de egos de a ver quién lo hace mejor, ni juegues a ver quién de los dos es más divertida/o ni a quién quieren más. Te necesitan en tu rol de adulta, que estés en tu centro, desde ahí vas a poder ofrecerles el cuidado y amor que necesitan de ti. Haz tu camino y deja que la otra persona haga el suyo. Y recuerda: que la otra persona no ejerza su responsabilidad no te exime a ti de la tuya, pues, como te decía antes, si tu ex no está dispuesto a hacerlo de una forma adulta y responsable y tú tampoco, ¿quién ejerce esa responsabilidad con tus peques?

> YA NO SOIS PAREJA, PERO SIEMPRE VAIS A SEGUIR SIENDO EL PADRE Y LA MADRE DE VUESTRAS CRIATURAS, SIEMPRE.

Suena fácil, pero otra cosa es estar en el ajo, viviendo determinadas situaciones, lo sé. Por eso te animo a que en caso de que tu ex se comporte como un niño más, que descarga hacia ti su rabia, tú sepas mirar más allá de su comportamiento y entiendas que está actuando desde su dolor y su sufrimiento.

Evidentemente, tú sentirás el tuyo, pero si tienes la capacidad de no descargarlo contra él, genial, eso que ganan tus criaturas. Pero si él no puede o no quiere hacerlo de otra manera, te animo a que no te tomes su actitud como algo personal contra ti. Es decir, esas formas que pueden herirte hablan de su dolor, muestran su sufrimiento interno; no es que te odie o te desprecie, sino que más bien se desprecia a sí mismo y por eso actúa de esa forma. Aunque lo más probable es que no sea consciente de ello, pero no eres tú quien tiene que hacerle ver nada; en esos casos, lo más saludable para ti, probablemente, es que te cuides y protejas de sus actitudes.

Por eso, desde mi punto de vista, la mejor fórmula es que una vez que transites todo el dolor y el revuelo emocional que conlleva vivir una situación así aprendas a desarrollar una mirada compasiva hacia tu ex. Mirarlo desde el amor, pero no el amor romántico o de pareja, sino el amor de verdad. Ese que es capaz de ver a las personas desde su ser, no desde el personaje a través del que actúa en su día a día o en determinados momentos. Puede ayudarte tener un mantra que repetirte en determinados momentos: «Es su dolor, esto no va conmigo».

Será una forma de cuidarte y de protegerte para que no te afecte demasiado lo que haga o deje de hacer. De la misma manera, siempre que lo consideres, pon los límites que estimes oportunos. Pues, aunque sepas que está sufriendo, no tienes que aguantar según qué cosas. En la medida en la que te ames, te respetes y te cuides a ti misma, podrás amar, respetar y cuidar a otros seres.

En el caso de que su dolor y sufrimiento estén en los niveles más altos y trate de hacerte daño a través de tus hijos (violencia vicaria), tu consciencia cobra más importancia que nunca; puedes buscar ayuda para asesorarte sobre qué medidas puedes tomar y no perder tu norte, para poder seguir conectada a ti, para que todo ese ventarrón externo no te saque de tu centro, al menos no de forma constante.

Este autocuidado muchas veces pasa por contacto cero o *contacto casi cero*, como lo llamo yo. Me viene ahora a la mente Alicia:

Alicia es madre de dos hijas de ocho y diez años; tenía una gran preocupación por mantener una buena relación con el padre de las niñas, pero se sentía muy frustrada porque él hacía cosas que la enfadaban continuamente, y quería no frustrarse, para así poder tener esa buena relación que tanto soñaba.

Confiaba en mantener una relación como madre y padre de sus hijas como si fueran un equipo que funciona a la perfección, con un entendimiento permanente y, además, con ausencia de conflicto; es más, incluso de agradecimiento genuino.

¿Es que esto no es posible? Por supuesto que es posible tener una buena relación como madre y padre sin ser pareja. Ahora bien, nunca se dará si hay una posición de sometimiento o sumisión por una de las partes.

Alicia vivía esto último. En la medida en la que ella no accedía a las peticiones o propuestas del padre de sus hijas, este la manipulaba con amenazas sutiles. Ella terminaba accediendo ante la pasividad agresiva de él, después sentía que había pasado por encima de ella y terminaba enfadándose consigo misma y con él.

Alicia necesitó profundizar mucho para poder tomar consciencia de las dinámicas que tenían, y que así pudiera respetarse y darse el lugar que la mantenía en paz consigo misma.

Su mayor dificultad era que pensaba que sus hijas necesitaban que sus padres se llevaran bien, es decir, que no discutieran en ningún momento y fueran los dos a una. Pero, claro, ¿a costa de qué? ¿A qué precio?

Si era a costa de ella, las hijas podrían aprender a callar, aguantar y someterse en pro de una causa mayor que una misma.

Cuando las dinámicas entre dos están viciadas y no son sanas, suele ser de gran ayuda mantener el menor contacto posible, es decir, el contacto imprescindible para hablar lo concerniente a los hijos en común.

Esto no quiere decir que vaya a ser siempre así, sino que tras la separación se necesita un tiempo de reajustes para encontrar de nuevo el equilibrio como madre y padre de las mismas criaturas.

Esto fue lo que le pasó a Alicia, que en la medida en la que fue reconociendo las dinámicas con su ex que la dañaban, pudo ir poniendo límites y la distancia necesaria. Temía mucho que él se enfadara, pues le daba miedo la repercusión que eso tuviera sobre todo en las hijas, pero nunca nada fue tan malo como lo había imaginado.

A él no le gustaron ciertos límites y mostró su contrariedad al respecto, pero ella se mantuvo firme. Con el tiempo lograron ser ese equipo que ella había deseado, pero desde un lugar mucho más sano, sin que uno pasara por encima del otro y aceptando que entre ellos había desacuerdos y los habría en un futuro.

Pasar de ser una pareja a un equipo como madre y padre de las mismas criaturas requiere su tiempo, pues se trata de un proceso de transformación que baila al son de cada uno. No tengas prisa, céntrate, y ante las dudas que te surjan ten claro que no se trata de lo que está bien o mal, sino de lo que te da paz y de lo que te la quita. Aquello que nos da paz debemos alimentarlo, y lo que nos la resta debemos modificarlo o quitarlo de nuestra vida.

Como te decía, durante el proceso de separación es fácil caer en la lucha de egos, lo que dificulta mucho la situación, por eso es importante que te pares a reflexionar sobre desde qué lugar te separas, qué energía quieres cocrear. Una separación es de dos y la energía que hay entre vosotros la creáis con lo que cada uno aporta. En tu mano no está cambiar lo que él cocrea, pero sí está en tu mano lo que tú eliges aportar.

Si vuestros hijos fueron fruto de vuestro amor, tal vez te ayude recordar que del amor con esa persona y de vuestra relación surgieron tus peques y que sin esa otra persona no estarían aquí. Tal vez esto te permita conectar con el amor hacia él y el respeto que le debes como padre, pues eso tiene que estar por encima de vuestras rencillas.

Y si vuestros hijos no fueron fruto de vuestro amor sino de una decisión tomada por inercia, de un intento de reencontraros como pareja o de cualquier otra causa ajena al amor, es bueno que entiendas que, aunque él no te guste como hombre y no quieras tenerlo cerca, es su padre; una cosa es tu relación con él como hombre y otra muy distinta la relación de tus peques con su padre. Esa relación es sagrada y es importante que respetes ese vínculo, sea más fuerte o más débil, porque el padre y la madre ocupan un lugar crucial en la vida interior de cada criatura.

Gracias a que al menos tú vives la separación de una forma consciente, tus peques podrán adaptarse al nuevo molde familiar y crecer sintiendo tu amor, cuidado y protección, lo que les dará confianza y seguridad para desarrollarse de una forma emocionalmente sana.

Ahora que me estás leyendo, puede que pienses que yo lo tuve fácil desde el inicio y que mi separación fue idílica y acordada de forma conjunta en todo momento, pero no, en absoluto. Si puedo hablar de esto con tal seguridad es porque antes lo he vivido en mi piel, aunque, evidentemente, cada caso es un mundo, y en el mío los inicios estuvieron muy lejos de ser *coser y cantar*.

Hay situaciones frecuentes (sin entrar en cuando se dan circunstancias negligentes) en las que nos aferramos a que determinadas cuestiones se hagan como nosotras queremos. O cuando queremos que la otra parte entienda nuestra posición y se ponga en nuestro lugar. También es habitual querer que la otra persona asuma ya la separación porque pasó hace mucho tiempo... Esto lo viví, pensé y sentí yo misma, entre otras muchas cuestiones. Por eso mismo necesité aprender a respetar al padre de mis hijos como lo que era y es: un dios para mis pequeños. Tan importante es él como lo soy yo en sus vidas porque cada uno de ellos es cincuenta por ciento mamá y cincuenta por ciento papá, y, en la medida en la que no aceptemos al otro, nuestros hijos pueden no sentirse aceptados totalmente. Repito algo que para mí fue clave, por si te ayuda tanto como me ayudó a mí: diferencia entre la otra persona en su rol de hombre y en su rol de padre, pues así te será más fácil la aceptación cuando estés preparada para ello.

Según fui aprendiendo a respetarlo como lo que es, su padre, más allá de lo que yo sintiera por él como hombre, nuestra relación fue muy poquito a poco, casi de forma imperceptible, cambiando hasta la que tenemos hoy día y que agradezco enormemente.

> EN TU MANO NO ESTÁ CAMBIAR LO QUE ÉL COCREA, PERO SÍ ESTÁ EN TU MANO LO QUE TÚ ELIGES APORTAR.

Hubo un tiempo en el que ambos evitábamos al máximo el contacto porque sabíamos que era difícil mantener la calma y que no saltaran chispas entre nosotros. De modo que, por el bien de los niños y nuestro, reducíamos el contacto al mínimo. Así nos hacíamos responsables de nuestra situación y cada cual se hacía cargo de lo que sentía como mejor podía.

Mi tendencia era meterme donde no me llamaban, pretendiendo hacerme cargo de lo que no me correspondía. Me resultaba muy difícil aceptar que ya no podía controlar todo lo que concernía a la educación y crianza de mis hijos. Realmente nunca había sido así, pues no existía tal control, era una falsa ilusión, pero aquella falsa ilusión a mí me dejaba tranquila.

En aquel momento se evidenciaba que ya no lo vería todo ni podría controlar que las cosas se hicieran como yo consideraba mejor. Aquella supervisión constante que yo pretendía llevar a cabo solo generaba más tensión y entonces, a corto o largo plazo, los perjudicaba a ellos. Por eso opté por un camino que, si bien me parecía muy difícil, me permitiría obtener mejores resultados: APRENDER.

Decidí abrirme a los aprendizajes que la vida tuviera para mí. No tenía ni idea de adónde me llevaría aquello (ahora puedo decirte que a una vida plena llena de luz y amor, también con su oscuridad, aunque muchísimo más liviana), pero sin duda no quería seguir sintiendo que me chocaba contra una pared.

Así que me rendí. Me rendí a la vida y dejé de resistirme a lo que en ese momento estaba viviendo; no era algo que me gustara ni que hubiera deseado, pero era lo que tenía.

Recuerdo perfectamente aquella sensación interna de brazos caídos, de decidir dejar de luchar para entregarme a la vida. Eso significa para mí rendirse. Entrega total desde la mayor humildad posible.

Así fue como inicié una andadura que me ha llevado a mantener una relación de equipo con el padre de mis hijos, que, en aquel entonces, no podía imaginar que lograría. Lo soñaba, es verdad, pero por un tiempo aquello me parecía imposible para nosotros.

> GRACIAS A QUE AL MENOS TÚ VIVES LA SEPARACIÓN DE UNA FORMA CONSCIENTE, TUS PEQUES PODRÁN ADAPTARSE AL NUEVO MOLDE FAMILIAR Y CRECER SINTIENDO TU AMOR, LO QUE LES DARÁ CONFIANZA PARA DESARROLLARSE DE UNA FORMA EMOCIONALMENTE SANA.

Mi experiencia personal y profesional me hace tener la certeza de que a las personas nos unen hilos invisibles. Unos hilos que nos mantienen en conexión permanente, por lo que, ante un cambio interno, uno de verdad, se producen cambios en el exterior. Pero no un cambio con el que pretendemos que el otro cambie, sino uno que hacemos en silencio desde lo más profundo de nuestro ser.

Estoy convencida de que, si yo hubiera cambiado mi forma de ver y hacer las cosas con el padre de mis hijos, esperando que él entonces modificara según qué conductas, no habría conseguido otra cosa que más frustración y sufrimiento para mí. Sin embargo, gracias a que me ocupé de lo único que estaba bajo mi control, de mí misma, la relación ha ido cambiando hasta ser muy constructiva para todos, especialmente para nuestros hijos.

Hay quien puede pensar que es casualidad, que un cambio no tiene por qué estar ligado a otro. Vale. Yo estoy convencida de que no es así, ya son muchas las veces en las que me he rendido a los aprendizajes de la vida, me he ocupado de mí y entonces ha habido cambios positivos en lo que escapa de mi control.

El ego, el perdón y el agradecimiento

La mayor dificultad para llevar a cabo una separación consciente es el ego. El ego, de forma muy resumida, no es más que la identificación de una persona con sus pensamientos, como si tú fueras esa voz que hay dentro de tu cabeza, cuando realmente eres mucho más; de hecho, puede que dicha voz, más que acercarte a quien realmente eres, te aleje. Porque el ego tiene más que ver con el disfraz, con el personaje que hemos creído ser según las expectativas que los demás tenían en nosotras.

Cuando creemos ser esa voz que no calla, nos perdemos. Vivimos de forma inconsciente y en desconexión con lo que sí somos, que es mucho más que nuestros pensamientos. Pensamientos que, además, están totalmente condicionados por la historia de nuestra vida, por lo que hemos recibido tanto de forma explícita como implícita de la educación social, familiar y cultural, así como por la mochila transgeneracional.

En Occidente, la mayoría de las personas nos creemos libres, pero no lo somos tanto como pensamos, entre otras razones porque no somos y no hacemos lo que queremos sino lo que podemos con la carga transgeneracional que portamos.

La epigenética ya nos alumbró al hacernos saber que también las creencias y las experiencias emocionales quedan registradas en el ADN, pasando de generación en generación, y no son liberadas hasta que se sanan desde la consciencia.

> ¿SABES QUE LA PRIMERA CAUSA DE INFELICIDAD NO ES NUNCA LA SITUACIÓN, SINO LO QUE PIENSAS ACERCA DE ELLA?

Por eso, en muchas ocasiones, como en el caso que te contaba en el capítulo anterior de Paloma, puede llegar a resultar tan tremendamente difícil tomar la decisión de la separación, porque no se trata solo de lo que sabemos conscientemente, sino de lo que arrastramos inconsciente y transgeneracionalmente. Cuando indagamos en este sentido en su historia familiar, vimos que tanto su madre como su abuela fueron mujeres que aguantaron en relaciones de pareja que no sumaban y de las que querían salir, pero no se atrevieron a dar el salto al vacío que muchas veces supone la separación.

Paloma, con su separación, estaba sanando la herida que venía arrastrando de sus ancestros, y así en este aspecto liberaba a su descendencia.

A ti también puede ayudarte indagar un poco en tu árbol genealógico y preguntar cómo eran las relaciones de pareja no solo de tus padres, sino las de tus abuelos e incluso las de tus bisabuelos, qué pensaban acerca del matrimonio, cómo lo vivían y sentían, así como cuál fue su historia.

Porque la única forma de domar al ego y de que este no te posea en cada pensamiento y decisión de tu vida es la consciencia. Hacerte consciente de ti misma, de tus pensamientos, decisiones y acciones. Poner consciencia a tu historia y saber de dónde vienes puede, sin duda, arrojar luz y ayudarte a que te entiendas.

Te animo a que no te dejes arrastrar por tus pensamientos identificándote con ellos como si fueran la verdad. Cuestiónate cada decisión. Lucha por procurarte unas condiciones de vida que te permitan valorar cada acción y vivir en el presente. Poner foco en lo que sientes y en el ahora es la mejor manera de vivir consciente. Así podrás conocerte en el yo auténtico que eres, en lugar de perderte en la centrifugadora que es muchas veces la mente.

El ego siempre quiere llevar la razón. De hecho, lo necesita porque sentir que la tiene lo alimenta. Pero eso te aleja de ti, de tu verdadera esencia, esa que no necesita llevar la razón. Igual que la queja, que da una sensación de superioridad, pues implica llevar la razón, mientras que la otra persona de la que te quejas no la tiene. Por eso el ego busca constantemente situaciones de las que poder quejarse y en las que llevar razón, para seguir presente en tu día a día.

Cuando eres consciente de esa voz interna, de esos pensamientos que vienen una y otra vez a tu cabeza, ya estás bajándole el volumen al ego, y ese es el primer paso. Ser consciente de que la centrifugadora se ha vuelto a activar.

¿Por qué te cuento esto? Porque en la medida en la que te crees lo que te dice la voz de tu cabeza, en la medida en la que vives según lo que se supone que tienes que hacer, en lugar de escucharte desde tu ser, donde hay amor infinito, te estás alejando de ti y corriendo el peligro de entrar en una batalla de egos.

El ego, además de alimentarse de la queja, se acomoda en ella, generando entonces rencor. Un rencor que no se queda en una parcela única de tu vida, sino que se va expandiendo a otras áreas haciéndote sentir cada vez más desdichada. Es el momento en el que el ego sube el volumen, y entonces el rencor, junto con la sensación de desdicha, sigue creciendo hasta hacer cada vez más grande la espiral de infelicidad.

Evita entrar en esa espiral, y si tomas consciencia de que ya estás ahí dentro, enhorabuena, pues esa toma de consciencia es clave para salir del bucle. Reconocer que nos sumergimos en el ego de esa manera, así como que guardamos rencor a otra persona, requiere honestidad y valentía.

Sentir rencor es el síntoma de la falta de perdón. Al hablar de perdón no hago referencia a que perdones a la otra persona porque se lo merezca o no, sino por ti. El perdón trata de ti misma. Cuando se produce, es sanador y liberador. Sabrás que ese perdón es real porque no habrá lugar para el rencor, porque podrás recordar lo vivido sin que las emociones desagradables copen tu sentir.

«Perdón» quiere decir «para dar», por lo que mientras no perdonamos no podemos seguir dando, no podemos seguir amando. Cuando no perdonamos, suspendemos una parte muy importante de nuestra existencia: la espiritualidad y la responsabilidad.

> PARA CONSEGUIR EL PERDÓN, PRIMERO NECESITÉ PERDONARME A MÍ MISMA POR MIS DECISIONES Y HACERME RESPONSABLE DE MIS ACTOS.

Perdonar es un acto interno que nace de la comprensión y la aceptación. Tiene que ver contigo, no con la otra persona. La necesidad de perdón surge de algo que ha ocurrido en el pasado; al no asumir la responsabilidad, la culpa se dirige hacia otra persona. Como me dijeron una vez: guardar rencor y culpar es como beber veneno y esperar que le haga efecto al otro.

No se trata de perdonar como en un acto mecánico e infantil, como cuando en la niñez nos obligaban a perdonar, ni tampoco hacerlo para que la relación cambie, sino para liberarte tú. Perdonar no quiere decir poner la otra mejilla ni tener que mantener una determinada relación. El perdón te sana a ti y tiene que ver contigo en primer lugar, y después repercutirá o no en la relación con la otra persona. Eso ya corresponde al orden propio de la vida. La cuestión es que tú te liberes de las cadenas del rencor y la culpabilización para poder amar libremente y seguir adelante con tu vida sin ataduras.

No nos resulta tan fácil perdonar porque hay algo mucho más profundo dentro de cada uno de nosotros que lo dificulta. Tiene que ver con la programación, con esa forma de pensar, hacer e incluso sentir que no nace de nuestro ser, sino de cómo, generación tras generación, hemos aprendido a comportarnos en función de la educación social, cultural y familiar recibida.

El origen de lo que necesitamos perdonar suele estar en la infancia. Nuestras vidas adultas proyectan los mismos patrones que entonces, para que ahora podamos recordar (recordar: volver a pasar por el corazón) algo que ocurrió en un momento en el que no teníamos recursos para poder gestionarlo. Se supone que en la adultez sí los tenemos, y estos son los que nos permiten transitar la situación de otra manera.

Si bien es cierto que no es tan fácil, porque el patrón de comportamiento actúa en modo automático, el hecho de ponerle consciencia, atención e intención es un acelerador para poder modificar eso que haces y que no es bueno para ti misma.

Precisamente, con las separaciones se abren muchas heridas que no guardan tanta relación con la pareja como con la infancia de cada cual. Por eso las separaciones son también una oportunidad para sanar y crecer. Y es que, en nuestra existencia, todo lo que sucede es un reflejo de lo que necesita ser transformado.

Las relaciones de pareja que establecemos están muy ligadas a las relaciones de nuestras figuras parentales; cuando se inician sin consciencia, se convierten en una réplica de las relaciones con nuestros progenitores. Por eso la separación también puede verse como una oportunidad para sanar el linaje, para dejar de reproducir patrones de relaciones de pareja y establecer un nuevo orden donde el amor a una misma ocupe un lugar principal.

> CADA PERSONA LO HACE LO MEJOR QUE SABE Y PUEDE EN CADA MOMENTO. CADA DECISIÓN TOMADA FUE LA MEJOR EN ESE MOMENTO.

El miedo fomenta la posición de víctima; sin embargo, no se trata de evitarlo, sino de reconocerlo para así poder experimentarlo. No con la paralización, sino desde la acción.

En las separaciones y en situaciones similares, suele tratarse de un miedo infantil que se sintió cuando no se tenían recursos para afrontar lo vivido, pero ahora, en la adultez, puedes hacerlo, es el momento de atravesar la situación que refleja la de la niñez, pero, ahora sí, con recursos. Y si sientes que no tienes dichos recursos, está bien, solo debes saber que están dentro de ti porque la capacidad interna la tienes, forma parte de ti, y si no llegas a ella, puedes buscar apoyo o ayuda para hacerlo.

Ante la dificultad de transitar el miedo y asumir la responsabilidad suele surgir el enfado, que es un mecanismo de defensa propio para evitar sentir el dolor. Con esta emoción no miramos hacia dentro haciéndonos cargo del dolor o lo que sea que hay tras el enfado. Esto fue otra de las cosas que me ayudaron mucho en mi proceso de transformación familiar: saber que detrás de cada enfado, por pequeño o grande que fuese, se escondía el dolor y el miedo a afrontar lo que sentía en mi fuero interno.

Precisamente dejamos de dar porque sentimos miedo, porque en algún momento en el que dimos nos dolió lo que recibimos. Para evitar sentir ese dolor cerramos las compuertas de dar. Las experiencias vividas son las que han generado el miedo dentro de ti y son las que te estancan; sin embargo, ahora puedes ir dentro de ti, donde tienes la capacidad de seguir dando.

Ver más allá de nuestras emociones y comportamientos, así como hacerlo igual con otras personas, nos amplía la mirada y nos da perspectiva. La vida es mucho más que lo que los ojos pueden ver y lo que las manos alcanzan a tocar.

Sea lo que sea lo que te ha sucedido, perdónalo, perdónate. Lo que perpetúa la existencia de esa situación es la falta de perdón. Cada persona lo hace lo mejor que sabe y puede en cada momento. Cada decisión tomada fue la mejor en ese momento.

El perdón es liberador y transformador. Supone estar en paz contigo, con los demás y con el mundo. Y comienza por sentir. La razón bloquea el corazón, así que ten como aliado a tu cuerpo. Para ello te propongo la meditación, pues te lleva de forma directa a la conexión con tu esencia, donde somos amor en su plenitud. Y si sientes que la meditación, por ahora, no va contigo, te animo a que hagas aquello que alimente tu alma: cantar, bailar, pintar, tocar un instrumento, salir en bici, jugar a la pelota..., aquello que te conecte contigo, con tu fuente, pues allí eres puro corazón.

Lo habitual en las personas adultas es habernos olvidado de disfrutar y jugar. Hemos denostado estas palabras olvidándonos del gran poder que tienen dichas acciones, que nos generan placer y conectan con nuestro ser. Y es que lejos de ser una frivolidad, nos llevan de forma directa a nuestro yo más real, a ese lugar donde somos puro amor y desde donde podemos recuperar nuestro poder personal y recobrar así nuestra espiritualidad.

Al darte cuenta de que el amor viene de dentro, puedes dejar de responsabilizar y culpabilizar a otros de tu infelicidad. Es así como el perdón comienza a despertarse. De forma paralela y natural, el miedo va disminuyendo y el perdón ganando terreno dentro de ti, por lo que comienzas a dar de nuevo y a amar cada vez más.

Si dejas de identificarte con tus propios pensamientos, si miras a quienes te rodean más allá de sus comportamientos, podrás aislarlos de sus conductas para entender que lo que hacen no es algo personal contra ti. No te tomes su ego como un ataque hacia ti, porque entonces tu ego iniciará una batalla sin fin. Reconocer su esencia más allá de lo que hace y dice es el primer paso para soltar el rencor que sientes hacia alguien y que el perdón suceda por sí mismo.

Quien entra en guerras personales es el ego de cada ser. En este sentido a mí me ayudó mucho una frase que le escuché a uno de mis formadores: «Recuerda que cada persona está librando su propia batalla interna».

Entender esto me ayudó a quitar las máscaras de quienes me rodeaban, el personaje del que cada cual va disfrazado: los humanicé desde su esencia, desde la unidad de la que todas las personas formamos parte.

¿Sabes que la primera causa de infelicidad nunca es la situación, sino lo que piensas acerca de ella? Por ello te animo a que tomes consciencia de los pensamientos que estás teniendo acerca de la situación que estás atravesando, para afrontar los hechos desde la realidad y no desde la interpretación que estás haciendo de lo que vives.

Cuando eres consciente de esos pensamientos y de las emociones que generan, ya estás paliando el sufrimiento creado por el ego.

El ego se alimenta de la atención de los otros; busca fuera la energía de la que alimentarse, pues desconoce que la fuente de energía y sabiduría está en el interior. Por eso es tan importante que conectes contigo y te escuches desde tu yo más profundo y auténtico.

Luchar contra la situación que estás viviendo es alimentar al ego; no se trata tampoco de que luches contra él, sino de que le pongas consciencia. Puedes resistirte o rendirte. Rendirte interiormente a la situación te predispone a la aceptación, a acoger los aprendizajes que la vida te está ofreciendo. La no resistencia a lo que es te permite hacer las paces con el momento presente.

Cuando lo consigues, puedes llegar al agradecimiento. Sentirlo es el síntoma de que lo que un día era una batalla de tu ego dejó de serlo para formar parte de algo más de tu vida. Gracias a eso pudiste llegar un pasito más allá en el camino de la consciencia y la paz interior.

Te cuento otra de mis anécdotas, por si te ayuda. Yo había escuchado muchas veces aquello de agradecer todo lo que has vivido, por desagradable que fuera o por poco que te gustara, pues gracias a esas experiencias has llegado hasta donde estás en ese momento vital.

Pues bien, yo me pasé mucho tiempo queriendo agradecer la experiencia vivida con el padre de mis hijos y no sentía el agradecimiento. Era algo que me decía cual papagayo: «Agradezco mucho lo vivido con él porque he aprendido mucho, tanto de lo que quiero en la vida como de lo que no». Mentira. No lo sentía. Me lo decía buscando hacer bien las cosas y no guardando rencor, pero, evidentemente, no sucedía ningún cambio en mi interior.

> NO SE TRATA DE PERDONAR COMO EN
> UN ACTO MECÁNICO E INFANTIL,
> COMO CUANDO EN LA NIÑEZ NOS OBLIGABAN
> A PERDONAR, NI TAMPOCO HACERLO PARA
> QUE LA RELACIÓN CAMBIE, SINO PARA
> LIBERARTE TÚ.

¿Por qué? Porque no se daba el paso previo: el perdón. Ahora lo sé porque lo he vivido y, sobre todo, sentido. Por eso puedo contártelo.

Para ello necesité primero perdonarme a mí misma por mis decisiones y hacerme responsable de mis actos. Entonces de forma natural e imperceptible le perdoné a él. Bueno, casi que no necesité perdonarle, pues hacia él proyectaba lo que realmente sentía hacia mí misma. Por eso cuando me comprendí acepté lo vivido, mi responsabilidad; entonces me perdoné. Lo demás se dio por sí solo.

De hecho, sentí la necesidad de pedirle perdón, y lo hice. Pasados algunos años me disculpé por aquello a lo que en su día no le di importancia y con el paso del tiempo consideré que sí la tenía. Y, con el perdón, sin premeditación, vino el agradecimiento. Pude agradecerle, entonces sí, todo lo que aprendí y viví junto a él.

No creo que jamás me olvide de ese momento, por la sensación interna que tuve y por cómo me miró él. Sentí un agradecimiento profundo que nos unió de una forma impensable hasta ese momento; como nunca, en realidad.

Como todo acto tiene consecuencias, en este caso hubo una inesperada que me liberó muchísimo. Al poco tiempo fue él quien vino a mí para agradecerme el hecho de que yo tomara, años atrás, la decisión de separarnos. Me reconoció la valentía que requirió aquello por mi parte y me habló de lo felices que podíamos ser ahora tanto él como yo gracias a aquella decisión.

Aquel momento y situación casi mágicos comenzaron por el perdón a mí misma. Fue esa reconciliación que se dio de piel para dentro la que desencadenó el sentir por fin agradecimiento hacia el padre de mis hijos y nuestra relación, y después un acercamiento entre nosotros totalmente inesperado.

Las relaciones humanas y lo que tiene que ver con el ser humano no responde a una cuestión matemática, por lo que no se trata de hacer A para obtener B. La vida no funciona así; tiene su propio orden, un orden desconocido para la mente humana que tiene más que ver con las necesidades de aprendizaje de cada uno para poder evolucionar, liberándose del linaje del que procede.

La sexualidad

No podemos hablar de pareja y relaciones sin hablar de sexualidad, pues el sexo, como el dinero, desempeña un papel importante en el proceso de separación. Por cierto, si te interesa el mundo de los chakras, he de decirte que ambas cuestiones residen en el segundo chakra.

Más allá de esta curiosidad, quería comentarte que cuando en las sesiones individuales nos llegan mujeres que dudan acerca de si separarse o no, casi siempre hay un elemento común, y es la falta de deseo sexual hacia su pareja, tapado con un consentimiento con el que pretenden conseguir algo: salvar la relación, que él cumpla con su corresponsabilidad parental y en el hogar o que las dejen en paz hasta la siguiente vez.

A partir de que esta situación se repitiera de forma alarmante en varias sesiones, decidimos escribir sobre este asunto en nuestro blog y redes y lanzar una encuesta en la que preguntamos si habían mantenido relaciones sexuales sin deseo con el padre de sus criaturas. El 75 por ciento dijo que sí, y solo el 25 por ciento dijo que nunca; de las que contestaron afirmativamente, la mitad matizaron haberlo hecho muchas veces, y la otra mitad, pocas veces.

A la pregunta de qué querían conseguir teniendo relaciones sexuales sin desearlas, la respuesta era contundente en la mayoría de los casos: que me dejara tranquila hasta la próxima, evitar problemas, que no se mosqueara, quitarme culpabilidad, que me dejara en paz, que dejara de insistir durante un tiempo, evitar discusiones, que no se enfadara más de la cuenta, que no hubiera más peleas, que me quisiera, cariño, era lo que tocaba al ser pareja, que al estar más contento hiciera su parte con la casa y los niños.

Estas fueron algunas de las muchísimas respuestas que recibimos; suponen una muestra del total, pues hemos recogido las que más se repetían para que puedas hacerte una idea del porqué se dan en el centro del hogar, ese lugar sagrado que alberga la familia; es lo que algunas personas denominamos *violaciones consentidas*.

No conocemos a los hombres que estaban al lado de estas mujeres, pero nos atrevemos a decir que no son monstruos, al menos la mayoría de ellos. Son hombres que han recibido la misma educación sexual que casi todos: ninguna; además, muy probablemente no se han cuestionado el lugar de poder y privilegio que ocupan en nuestra sociedad por el mero hecho de nacer con el sexo masculino.

Hombres que nunca se han parado a cuestionarse el lugar de sumisión al que nos hemos visto sometidas las mujeres durante los mismos miles de años que ellos han ocupado el espacio y poder por derecho propio (y aún lo ocupan).

Ha llegado el momento de que seamos nosotras las que nos paremos, cuestionemos y reflexionemos acerca de todo lo que conlleva el sistema patriarcal y machista en el que vivimos, para que recuperemos nuestro propio poder. No uno que vaya contra los hombres, no, eso sería seguir en lo mismo pero cambiando los roles. Hablo más bien de recuperar el poder que permite que seamos nosotras mismas, libres y auténticas para permitir que brillemos con luz propia. Se trata de equilibrar lo masculino y lo femenino.

> ¿TE HAS PREGUNTADO ALGUNA VEZ POR QUÉ SOLO NOSOTRAS TENEMOS UN ÓRGANO DEDICADO ÚNICA Y EXCLUSIVAMENTE A SENTIR PLACER?

Tanto ellos como nosotras somos hijas e hijos del patriarcado; como tales, somos víctimas de un sistema que invisibiliza lo femenino y que nos daña aún más. De hecho, respecto a todo lo que tiene que ver con estudios relacionados con la mujer, estamos en las antípodas en relación con los mismos estudios que existen sobre los hombres. Te pongo dos ejemplos: la endometriosis y la sexualidad femenina. La endometriosis es una enfermedad muy desconocida aún, pese a todos los avances médicos, porque solo la padecemos nosotras, por lo que no interesa tanto. De hecho, cuando en los libros de texto de las escuelas muestran la musculatura del cuerpo humano, lo hacen siempre con el del hombre, como si el nuestro fuera idéntico, y no es así. ¿Has visto alguna vez por dentro el cuerpo de las mujeres? Es alucinante lo que hay bajo la piel de nuestros pechos; yo lo supe siendo ya madre y me emocionó la belleza del interior de nuestro cuerpo: tenemos dos flores debajo de la piel de nuestros pechos, entre su musculatura y los conductos mamarios.

La misma ignorancia se da en lo relacionado con la sexualidad femenina. En la encuesta que lanzamos y que te he comentado, preguntamos cómo se sentían al leer las respuestas anónimas de las demás; además de *tristeza*, hubo otra respuesta que se repitió mucho: es que ellos tienen más necesidad sexual que nosotras.

Falso. Eso es lo que nos han contado, pero es mentira y responde a uno de los tantísimos mitos que existen en torno al sexo. Evidentemente, hay personas que tienen más deseo sexual que otras, y este a su vez varía en función de la etapa vital en la que se encuentran y de la situación que se esté viviendo, pero no viene condicionado por el órgano sexual.

¿Te has preguntado alguna vez por qué solo nosotras tenemos un órgano dedicado única y exclusivamente a sentir placer? ¿Sabes cómo es el clítoris? El clítoris no es solo ese pequeño cúmulo de piel que podemos ver y tocar, es muy grande y su única función es hacerte sentir placer. Pon la palabra *clítoris* en Google Imágenes y mira los dibujos que aparecen sobre este órgano sexual. ¿Sabías que era así? Lo que puedes ver y tocar es una ínfima parte de este, es el glande, pues nosotras también tenemos glande, no solo ellos.

Pero no es esto lo que nos han contado. Tampoco nos han dicho que solo nuestro clítoris alberga más de ocho mil terminaciones nerviosas y nuestros genitales, más de doce mil,[1] de ahí que seamos multiorgásmicas; ni nos dijeron que nuestra sexualidad es más completa y compleja que la de los hombres. Ni mejor ni peor, sino más compleja.

De hecho, si te interesa este tema, te animo mucho que leas el libro *Vagina*, de Naomi Wolf, donde recoge los últimos estudios científicos sobre sexualidad femenina y lo explica con gran sencillez para que podamos entender que vagina y cerebro funcionan como un único sistema. Por esto mismo las mujeres, en la mayoría de los casos, para sentir deseo sexual necesitamos sentirnos seguras. Es más, una sexualidad plena y gozosa aumenta la autoestima, confianza y seguridad en una misma, y lo contrario merma todo esto.

Los mal llamados juegos preliminares no comienzan para nosotras en la cama, sino mucho antes, en cómo me siento yo conmigo y cómo me siento en la relación con mi pareja. Si hay malestar interno o en la dinámica de la pareja, para nosotras sentir deseo sexual es más difícil.

No es que tú hayas sido una frígida ni que seas defectuosa, probablemente es que desconoces cómo funciona tu

---

1. Naomi Wolf, *Vagina. Una nueva biografía de la sexualidad femenina*, Editorial Kairós, Barcelona, 2013.

cuerpo en lo referente a la sexualidad. Esto añadido a que tenemos muy arraigado en nuestro inconsciente la versión de cómo ser una buena mujer, tendemos a ser complacientes y cuidadoras que anteponen las necesidades de los demás a las propias. En definitiva, un cóctel que hace que se den estas *violaciones consentidas* en las relaciones de pareja.

No pretendo que saques el látigo y te fustigues por ello, sino todo lo contrario: que puedas entender por qué actuaste como lo hiciste, en caso de que todo esto resuene en ti; el objetivo es poder mirarte con compasión. No es justo que te juzgues ahora por lo que hiciste entonces, pues no contabas con la misma información que ahora ni habías pasado por las experiencias que en este momento tienes.

Es importante que puedas reconciliarte con aquella etapa o con esas situaciones de una forma compasiva para que así restes rencor a lo vivido con él y favorecer el perdón interno y mutuo. Un perdón que te permitirá respetar su rol de padre y el lugar sagrado que ocupa en el corazón de tus peques.

La mayoría de las personas, hasta tomar consciencia, vivimos una sexualidad basada en la desinformación y la falta de educación, y con la pornografía como referente de lo que deben ser las relaciones sexuales. Esto puede funcionar más o menos, pero hay un momento en el que se desmorona con facilidad: con la llegada de la maternidad.

Y es que, a partir del nacimiento del bebé, en muchas mujeres (no en todas) la libido baja hasta niveles insospechados; responde a una cuestión de ventaja evolutiva: la naturaleza lo ha hecho así para preservar el interés de la madre por su cría. De hecho, la madre entra en un estado de enamoramiento con su bebé en un proceso natural y necesario para asegurar la supervivencia de la especie.

Es más, ninguna hembra mamífera entra en celo durante su lactancia, los machos lo huelen y ni se acercan, salvo las canguros y nosotras, las mujeres, que sí mantenemos relaciones sexuales en esta etapa. Algunas porque realmente les apetece y están en un pico de libido, y otras muchas porque se dejan llevar por la culpa y la exigencia, que vienen arrastradas por lo que te he comentado antes.

En esta etapa, las hormonas desempeñan un papel importante: de tener niveles muy altos de estrógenos y progesterona, segregadas por la placenta, tras el parto nos quedamos a cero; por el contrario, segregamos prolactina, que es una hormona contraria a las que hacen subir la libido y ser fértil. Vaya, que las hormonas relacionadas con la libido en muchos casos desaparecen o casi desaparecen durante el posparto, etapa cuyo fin no termina con la cuarentena, sino más bien en torno a los dos años de la criatura, que es el periodo en el que se da la díada mamá-bebé. A esta situación puramente fisiológica se le unen cuestiones prácticas, como el nivel de cansancio y sueño que se da en la crianza, así como las consecuencias del parto. En el parto nos abrimos en canal tanto física como emocionalmente, por lo que la recuperación requiere tiempo, cuidado y mimo.

La lactancia materna es otro factor que tener en cuenta, porque influye fácilmente en la falta de deseo, pues la lactancia ya de por sí es un acto sexual; de hecho, durante ella entran en juego las mismas hormonas.

Si tienes en cuenta que la naturaleza ha hecho que todas las actividades que son imprescindibles para mantener la vida, como comer, reproducirnos o dormir, nos resulten placenteras, puedes entender que también lo sea dar de mamar cuando se dan las condiciones óptimas para la madre y el bebé. De hecho, algunas mujeres pueden llegar a sentir excitación sexual cuando son capaces de dejar a un lado los prejuicios. Quítale la visión erótica que puede llevarte a pensar que se trata de una idea morbosa del incesto; te hablo de un proceso natural del propio cuerpo y que tiene que ver con su sabiduría y no con nuestra corta visión egocéntrica, contaminada por una visión pornográfica de la sexualidad.

La sexualidad también es una mirada, es un abrazo, es un tocarnos con los pies desnudos en la cama, es una caricia, es una palabra de amor, es un guiño, un masaje... Sexualidad son muchas cosas. Podríamos seguir manteniendo relaciones sexuales en la crianza, pero el cuerpo está donde está en esa etapa y nos pide una sexualidad más femenina. Nos grita que atendamos esa parcela sexual tan invisibilizada por nuestra sociedad. El coito, la penetración, es solo una parte de la sexualidad, se puede hacer el amor de muchas maneras.

Ante la desinformación, el desconocimiento del funcionamiento de nuestro cuerpo y el peso cultural que arrastramos las mujeres, caemos con facilidad en la culpa y la exigencia, y eso nos puede llevar a abrirnos de piernas para que nuestra pareja se calle durante al menos unos días, tal vez una semana.

Es normal: tengamos en cuenta que hace poco en España, pues en otros países por desgracia aún es así, una de nuestras responsabilidades como esposas era satisfacer sexualmente a nuestros maridos.

A lo largo de la historia de la humanidad, desde que surgió el patriarcado, las mujeres hemos sido juzgadas por absolutamente todo, y en lo referente al sexo se nos ha tachado de frígidas o de putas. La cuestión no es cómo te puedan etiquetar, sino que puedas entenderte y abrirte a la posibilidad de sanar lo que sea que hayas vivido.

Si pensamos que, como te decía al inicio de este epígrafe, el dinero y el sexo, además de compartir chakra, son dos grandes tabúes sociales, es sencillo pensar que hay un momento en la historia en el que se unieron a través de la prostitución.

La prostitución es probablemente el primer trabajo «reconocido» de las mujeres; por eso todavía arrastramos el lastre de no exigir económicamente lo que nos corresponde, sintiéndonos menos dignas por cobrar en nuestra faceta profesional o por exigir lo que nos merecemos y corresponde profesionalmente. De hecho, muchas hemos sentido la necesidad de pedir permiso para cobrar o pedir perdón por hacerlo. Lo mismo sucede cuando se trata de negociar en el convenio regulador la manutención para las criaturas. No es un dinero para ti, sino para tus peques; sin embargo, es como si el dinero fuera algo sucio, y más aún si cae en nuestras manos, las de las mujeres; como si fuéramos menos válidas si lo pedimos o exigimos.

Revisar tus creencias limitantes y tu relación sobre el dinero y la sexualidad es una de las muchas oportunidades de sanación que te ofrece la separación. Nunca para machacar al otro, sino para comprenderte de forma compasiva y así poder establecer en adelante tus prioridades, atender tus necesidades y poner los límites que te cuiden.

Ejercicios

Cuidar de ti misma es fundamental. No ya porque para cuidar es importante que te cuides, sino porque primero eres; ya por el simple hecho de ser y existir te mereces cuidarte y dedicarte tiempo.

Ante un proceso de separación o de divorcio, ese cuidado se hace más importante, para poder seguir avanzando en los aprendizajes que te trae la vida y crecer y evolucionar tal y como tu ser requiere. También para no caer en la lucha de egos con tu ex, pues de esa manera tus criaturas quedarían descuidadas.

He pensado los siguientes ejercicios para ayudarte a mantenerte en tu centro, a cuidarte, a quererte un poquito más y que, por ende, te sea algo más fácil poner límites.

Crea un canal de comunicación por los peques

Hay momentos, especialmente cuando se da más conflictividad o cuando los roles aún no están bien definidos entre la pareja, en los que existe la necesidad de comunicarse exclusivamente en lo referente a los menores. Para ello te propongo que te lo pongas fácil y crees un grupo en tu aplicación de mensajería, tipo Telegram o WhatsApp, con el nombre de tus hijos y una foto de ellos.

Es la forma de contextualizar el motivo de vuestras conversaciones y te ayudará a que, cada vez que te vayas a comunicar, te recuerdes esto y te sirva de anclaje, ya que es importante que te responsabilices de la energía que tú cocreas en vuestra relación familiar. Esto puede ayudarte a discernir entre su rol de hombre y su rol de padre de tus hijos en vuestro sistema familiar.

Lo ideal es que lo consensuéis y si no es posible que lo informes antes de abrir dicho canal. Es habitual que la otra persona vuelva a la comunicación directa o simplemente no lo acepte. Sin embargo, tú puedes contestar por ese chat: es un recuerdo y un recurso principalmente para ti. Además, es frecuente que la otra persona termine utilizándolo, pues llega a ser de gran ayuda.

Escríbete mensajes de autoamor

Apunta en un papel tipo pósit:

Eres maravillosa. Te quiero. Vales mucho.

Pégalo en el espejo del baño para verlo a diario al comenzar el día; dítelo en voz alta y mirándote a los ojos. Si cuando te lo dices, te cuesta creerlo o sientes rechazo, no es que estés mal ni seas defectuosa, solo será un síntoma de que lo necesitas más que nunca. Recuerda la historia de Eva que te contó Rocío en el capítulo anterior.

Si lo haces al menos durante cuarenta días consecutivos, ayudarás a que este mensaje llegue al inconsciente. Sin embargo, es importante que, si durante esos días se te olvida en alguna ocasión, vuelvas a empezar a contar hasta cuarenta desde el día que volviste a decírtelo.

Y si te apetece jugar un poco, puedes ponerte mensajes amorosos en distintos sitios de la casa que irás encontrándote a lo largo del día. Cuando lo veas, debes dedicar al menos tres segundos a leer el mensaje y respirarlo (literalmente, haz una respiración al menos).

HO OPONOPONO

Cuando comienzas el trabajo personal de reconocer tus heridas y tu responsabilidad en este proceso de separación consciente, es habitual sucumbir a la tentación de sacar el látigo de la culpa. Por eso te propongo que revises si necesitas perdonarte a ti en primer lugar, comenzando con esta actividad.

Esta antigua oración hawaiana es una técnica bien sencilla. Consiste simplemente en repetir mentalmente a modo de mantra lo siguiente:

> Te amo.
> Lo siento.
> Por favor, perdóname.
> Gracias.

De esta manera, puedes conectar con el arte del perdón por donde mejor empieza, por una misma.

El arte del perdón

Una vez que empieces a perdonarte o te hayas perdonado completamente, comienza el proceso de perdonar a tu ex.

Sabemos que no siempre es fácil y que en muchas ocasiones parece una tarea inasumible. Sin embargo, quiero recordarte lo que dice el psicólogo Robert Enright:[1]

- Para perdonar, no hace falta olvidar o quitar importancia a la ofensa, renunciar a la justicia legal o reprimir sentimientos de dolor frente a la ofensa.
- Para perdonar, no hace falta que quien ofendió admita que lo ha hecho, que pida perdón o que quiera cambiar de actitud.
- Para perdonar, no hace falta que haya reconciliación.
- Para perdonar, no hace falta decírselo a la persona perdonada.
- Perdonar no implica que apruebes lo que ha hecho el otro. No justifica su comportamiento.
- Puedes perdonar sin olvidar.
- Perdonas, ante todo y en primer lugar, porque es mejor para ti.
- Perdonar es dejar ir aquello que te sigue haciendo vulnerable ante los demás.

Teniendo todo esto en cuenta, te propongo lo siguiente:

Se trata de recorrer un camino de cinco pasos que te pueden ayudar a perdonar y, por tanto, a liberarte. Como has comprobado, se ponen en juego el ego, el perdón y finalmente el agradecimiento.

- Admitir que te han hecho daño. Por ejemplo, si mi ex me ha dejado y se ha ido con otra persona, el primer paso es admitir que una de las cosas que más te

1. Robert Enright, *Las 8 claves del perdón*, Editorial Eleftheria, Barcelona, 2015.

duelen es sentir que te han sustituido por otra persona. Aunque muy probablemente esa lectura sea más amplia y si profundizas habrá más cosas que no estaban bien, pero empieza por asumir con honestidad qué es lo que te duele.
- Reconocer que la ofensa te ha cambiado o ha cambiado algo en ti. Siguiendo con ese ejemplo, quizá nunca te lo hubieras esperado, o te conecta con una herida de insuficiencia o simplemente con sentir la traición.
- Considerar si alguno de esos cambios ha sido positivo. No siempre es fácil, pero cuando la vida te da limones, a veces se puede hacer limonada. A lo mejor, gracias a esta experiencia se pone de relieve una falta de autoestima y es el comienzo para empezar a curar esta herida.
- Intentar mirar la situación desde otra perspectiva. Tal vez te des cuenta de que tu pareja no era feliz en esa relación y quizá tú tampoco. O puedas contar con personas que te ofrezcan puntos de vista que no hayas analizado y así crecer.
- Primero, comprender racionalmente. Luego intentar sentir compasión por quien te hizo daño. En este último paso, nuestra propuesta es reconciliarte contigo y si es posible con tu ex. Al fin y al cabo, ambos lo hicisteis lo mejor que sabíais con los recursos de los que disponíais.

Conoce tu cuerpo

Tal vez ahora estés en un momento de vulnerabilidad en que la siguiente propuesta no te apetezca; sin embargo, puedes guardarla para hacerla cuando estés preparada. Se trata de que tengas un encuentro contigo misma, una cita.

Prepárate un baño, pon velas, incienso, música relajante, aceites esenciales..., todo aquello que mereces para pasar un momento contigo misma. Estando en el baño tómate el tiempo para sentir el agua en tu piel, para acariciar cada poro de tu cuerpo sintiendo el roce de tu mano y admirando cada centímetro de él. Hazlo suave y despacio, recreándote en ese templo que tan pocas veces reconoces como lo que es, un lugar sagrado.

Cuando te seques, hazlo agradeciendo a cada parte de tu cuerpo su existencia, admirando cada cicatriz, cada rojez..., cada detalle.

Y después coge un espejo mediano o pequeño para, de cuclillas, sentada en el váter o tumbada bocarriba con las rodillas flexionadas, admirar la joya de tu cuerpo: tu vulva.

Acaricia cada pliegue y admira su belleza. No existen dos vulvas iguales en el mundo, olvídate de lo que el porno trata de normalizar porque eso no es real, ya lo enseñó el artista inglés Jamie McCartney en su mural donde mostró cuatrocientas vulvas de cuatrocientas mujeres reales de entre dieciocho y setenta y seis años.

Tu vulva es perfecta tal y como es, mereces que la conozcas y admires en todo su esplendor.

Y si en algún momento deseas conocer más acerca de la sexualidad femenina, el libro *Vagina*, de Naomi Wolf, es una lectura imprescindible y altamente recomendable también para que el día de mañana le prestes el libro a tu pareja, si es que llegas a tenerla (recuerda que tampoco es necesario estar en pareja).

3

FASES DEL ACOMPAÑAMIENTO EMOCIONAL A LOS HIJOS Y LAS HIJAS CON PROGENITORES SEPARADOS

Actualmente, la mayoría de la población adulta es analfabeta emocional, pues en la infancia la mayor parte de nosotros vivimos una educación en la que no nos enseñaron a transitar las emociones, sino más bien a evitarlas o reprimirlas. Por eso ahora nos cuesta acompañar determinadas emociones en nuestros hijos e hijas, algo esencial a la hora de ayudarlos a transitar una etapa de adaptación como es el hecho de pasar de ser una familia con un hogar a una familia con dos hogares.

Se trata, pues, de un cambio en la base de la vida de tus criaturas, lo cual puede generarles inseguridad y cierta resistencia. Por eso es muy importante la forma en la que acompañes emocionalmente a tus peques durante el proceso de separación, pues guarda estrecha relación con la forma en la que se van a adaptar a vuestro nuevo molde familiar.

Somos seres emocionales, y las emociones se dan continuamente a lo largo del día y todos los días del año. Permitirles a los menores expresar (dentro de los marcos de seguridad) sus emociones tal y como las sienten es fundamental, ya que cuando se lo negamos no hacemos que estas desaparezcan, sino que queden ocultas, pero siguen existiendo en el fuero interno y quedan encapsuladas dentro de sí.

> LA FORMA EN LA QUE ACOMPAÑES A TUS HIJOS
> E HIJAS EMOCIONALMENTE VA A FACILITARLES
> LA ADAPTACIÓN A LA ETAPA QUE INICIÁIS.

Me gusta mucho la frase que dice «las lágrimas limpian las tuberías del alma»: creo que ilustra muy bien lo que quiero transmitir.

¿Cuáles son las emociones que más te cuesta mantener? Pues esas probablemente sean las que menos te has permitido o te permites en tu día a día. Generalmente, son aquellas que tienen que ver con la rabia y la tristeza. Son dos de las que más afloran en los peques durante el proceso de separación.

¿Por qué es tan importante la expresión emocional?

Expresar las emociones que sentimos ante situaciones dolorosas resulta sanador. La mayoría de las personas no estamos acostumbradas a expresar lo que sentimos, sobre todo en relación con las emociones que nos resultan desagradables.

Por eso muchas de nuestras heridas están enquistadas, porque no hemos liberado el dolor que nos causaron a través de la expresión emocional. Cuando alguien, especialmente nuestros peques, se permiten expresar sus emociones de forma espontánea, algo nos remueve internamente y lo que nos nace es acallarlas para que las repriman. Lejos de hacer que el dolor y la emoción desaparezcan, lo que sucede es que la herida se enquista, y con ella, sus consecuencias.

Por eso, en la separación, la forma en la que acompañes a tus hijos e hijas emocionalmente va a facilitarles la adaptación a la etapa que iniciáis. Para eso es importante que te permitas transitar cada una de las emociones que sientas.

> NO EXISTEN EMOCIONES NEGATIVAS
> NI POSITIVAS, TODAS SON NECESARIAS, LA
> DIFERENCIA ES QUE ALGUNAS NOS RESULTAN
> AGRADABLES Y OTRAS, DESAGRADABLES.

Recuerda que cada emoción es como una ola, que viene y se va. Entre una ola y otra puede pasar más o menos tiempo, unas olas serán más grandes y otras menos, con más o menos fuerza, pero todas, absolutamente todas, vienen y se van. Pues así son las emociones. Ninguna viene para quedarse.

Al sentir tristeza o dolor, es frecuente que se tema que tal sensación vaya a quedarse ahí para siempre; ante la falta de práctica de dejar sentir las emociones, la tendencia es huir de ellas; sin embargo, en esos momentos más difíciles, puede ayudarte recordar otro mantra: «Esto también pasará». Y es que todo, lo agradable y lo desagradable, termina pasando, nada es para siempre. Esto puede ayudarte a no luchar contra la emoción, sino a dejar que esté, a rendirte a lo que te está diciendo, pues cada emoción viene a darte una información y lo que te va a permitir avanzar es dejar que esté y pararte a escucharla.

Vivir sin emociones es imposible, porque somos seres emocionales que razonan, y es gracias a ellas que tomamos decisiones en la vida. Todas las emociones cumplen su función, no existen emociones negativas ni positivas, todas son necesarias, la diferencia es que algunas nos resultan agradables y otras, desagradables.

La cuestión es desaprender lo aprendido; en este caso, desaprender el hecho de hacer como si nada, que todo está bien, tirar hacia delante como sea y a costa de lo que sea porque es lo que hay que hacer; es decir, reprimir y evitar sentir tus emociones.

Desaprender lo aprendido te va a permitir llegar a nuevos aprendizajes. El inicio pasa por tomar consciencia de lo que sientes en cada momento, darte permiso para sentir eso, sea lo que sea, no juzgarte por ello, sino tratarte amorosamente y con compasión.

Y si te surge la tentación de juzgarte por cómo lo has hecho hasta ahora, por no haber acompañado emocionalmente a tus peques como ellos necesitan, recuerda que lo has hecho lo mejor que has sabido y podido, siendo quien eres siempre y con la información que tenías en ese momento.

Esto es lo que yo me recuerdo a mí misma cuando, viéndome la que soy hoy día y con lo que sé actualmente, miro atrás con cierta tristeza por no haber tenido toda esta información y esa madurez para acompañar a mis hijos con los recursos que tengo ahora.

Recuerdo especialmente un mediodía en que mi hijo mayor gritaba con mucha fuerza, aparentemente sin sentido. Su padre y yo nos habíamos separado y mis peques y yo vivíamos en ese momento en casa de mis padres y me encontraba muy desubicada. Yo sabía que aquellos gritos, injustificados desde un punto de vista adultocentrista, respondían al revuelo emocional que sentía. Y, la verdad, yo ya no sabía qué más hacer. Lo sostuve y acompañé lo mejor que supe, advirtiendo también mi propia angustia al sentirme insuficiente. Cuando él fue capaz de escucharme, le pregunté qué sucedía y hablamos sobre cómo se sentía; por mi parte, le dije lo que creía que era lo mejor para él. Sin embargo, cuando me he juzgado por aquella forma de acompañarlo, me he recriminado por mi falta de paciencia, pues, aunque la tenía, creo que hoy lo haría mucho mejor. Y es que mi angustia hacía que mi nivel de presencia y disponibilidad fuera menor, y mi falta de experiencia evitaba que me anticipara algunos momentos para hacérselo algo más fácil.

Durante un tiempo, al recordar aquel episodio y otros que viví con ellos, tuve la tentación de pensar que era injusto para ellos, que desearía que todo aquello pasara ahora, con lo que sé y soy hoy día, pues pienso que lo haría mucho mejor de lo que pude y supe hacerlo entonces.

> HOY SOY LA QUE SOY GRACIAS A TODO LO VIVIDO ANTERIORMENTE.

Pero lo injusto no es eso, sino haberme juzgado en el pasado con lo que soy en el presente, con el contexto actual que tengo, donde hay mucho orden, paz y sosiego, y, además, hacerlo con exigencia. Precisamente soy lo que soy en el presente gracias a todo lo que fui en el pasado; así pues, he aprendido a cambiar el juicio por la autocompasión, vivo mucho mejor así. Por eso te lo propongo. Desde el juicio surge la culpa, el castigo y la exigencia, lo que nos atrapa y carga, mientras que la compasión nos libera y nos permite avanzar.

Cada uno de nosotros necesitamos andar nuestro propio camino; parte del mío fue vivir situaciones que sentía que me desbordaban y que de alguna manera me venían grandes. Pude quedarme entonces en la víctima y el lamento por vivir todo aquello; sin embargo, elegí responsabilizarme de lo que estaba en mi mano, pedir ayuda cuando la necesité y abrirme a lo que la vida venía a enseñarme. Honro aquella decisión que tomé. Hónrate a ti y honra el camino que estás recorriendo.

Cada vez que me observo en la tentación de juzgarme o de lamentarme por que mis hijos no tuvieran en aquellos momentos a la madre que hoy soy, me recuerdo que hoy soy la que soy gracias a todo lo vivido anteriormente. Mis hijos me aceptaron a mí con mis luces y mis sombras, igual que aceptaron a su padre con sus luces y sus sombras. Es así como podemos ofrecerles precisamente lo que necesitan para aprender lo que vienen a aprender.

Deseo que la siguiente información te sirva para crecer y aprender, y no para juzgarte. Apuesto a que tiendes a juzgarte con severidad; sin embargo, te mereces tratarte con cariño y compasión. Recuerda que lo haces lo mejor que sabes y puedes en cada momento, y que si tienes este libro entre tus manos es porque quieres hacerlo mejor. Así pues, manos a la obra. Una vez que has tomado consciencia de lo que sucede puedes empezar a modificar lo que consideres y practicar, practicar y practicar.

¿Cómo hago de sostén emocional para mis peques?

Date permiso, surfea la ola de la emoción cada vez que la sientas y así podrás sostener a tus peques con todo tu ser. Como tus emociones no están reprimidas, podrás escuchar las suyas; de lo contrario, te será más difícil escucharlos e identificar lo que les sucede, pues proyectarás tus emociones en ellos.

- Valida lo que sienten en cada momento. Tal vez el comportamiento no sea el adecuado, pero lo que sienten sí que es válido y lícito.
- Muéstrate disponible y conecta con lo que están sintiendo. Así te será más fácil encontrar el origen de lo que les sucede.
- Pon palabras a lo que pueden estar sintiendo. Verba-

lizar el nudo que puede haber dentro ayuda a que este se deshaga, pues la palabra calma y cura.
- Si consideras importante o necesario explicar algo, hazlo, pero sin demasiada verborrea; los adultos tendemos a enrollarnos mucho, cuando la capacidad de atención de nuestras criaturas puede ser bastante limitada en este sentido, según la edad. Si estás conectada a ti y a tus peques, vas a saber hasta dónde explicar algo en ese momento o esperar, dejar que saquen todo lo que necesitan liberar; después, en otro momento, podrás preguntarles y explicarles lo que consideres oportuno.

Y ten siempre presente que las caricias, los besos y los abrazos hacen magia cuando están abiertos a recibirlos.

Dolor y sufrimiento

Como madre, es comprensible que te salga el automático de querer evitarles a toda costa el sufrimiento a tus peques y que te agobie la idea de que puedan sufrir. Sin embargo, esto no es posible porque el dolor es inherente a la vida.

Vivir tratando de evitarles el dolor y el sufrimiento puede generarte más estrés y sufrimiento a ti. Entonces será ese sufrimiento lo que les transmitas, aunque no quieras. Está en tu mano evitarles esta espiral de estrés innecesario.

Es más, te diría que, aunque el dolor forma parte de la vida de la misma manera que la alegría, el sufrimiento, aunque está muy presente en la vida de las personas, me atrevo a decir que no tiene por qué existir. Puede darse o no. Y es que el sufrimiento es la resistencia, la no aceptación, los juicios acerca de lo que sentimos y está sucediendo. Es el rumiar egocéntrico del dolor. Es la consecuencia de no transitar el dolor, aceptarlo y soltarlo desde la confianza. La confianza en lo que es.

Por eso mi propuesta es que vivas las emociones desagradables como una gran oportunidad para conectar entre vosotros y aprender sin temor a equivocarte. En ese sentido, lo que está en tu mano ante situaciones dolorosas, o aquello que les genera sufrimiento, es:

- Que te sientan presente y disponible, así como que sientan que confías plenamente en que pueden superar y atravesar ese dolor.
- Habrá momentos en los que físicamente no estén contigo, momentos en los que no te puedan ver ni tocar, pero en los que sí pueden sentirte cerca. Si cuando estáis físicamente juntos se vive esta presencia y disponibilidad, en la distancia pueden sentir esa conexión contigo. Eso es mucho y muy importante.
- Escúchalos, dale valor a lo que te cuentan para que sientan que pueden confiar en ti. Que para ti es importante eso que te están contando en ese momento, que no es una tontería.
- Valida su dolor y ayúdalos a transitarlo de una forma asertiva y resiliente. Así podrán avanzar sin que ese dolor se convierta en un obstáculo en su vida o en el inicio de una cadena de sufrimiento, sino más bien un aprendizaje que os puede unir y del que puede que tú, al acompañarlos, también aprendas.

> TEN SIEMPRE PRESENTE QUE LAS CARICIAS, LOS BESOS Y LOS ABRAZOS HACEN MAGIA CUANDO ESTÁN ABIERTOS A RECIBIRLOS.

Tal vez saber que esto es lo que está en tu mano y que no es malo que sientan dolor, sino que forma parte natural de la vida, te ayude a sentirte más libre, tranquila y sin miedo. En este estado de paz podrás ayudar más y mejor a tus peques a atravesar el dolor.

Es más, gracias a esta experiencia de transitar el dolor de una forma saludable gracias a tu acompañamiento, estará integrando una forma sana de hacerlo que le valdrá para otras situaciones futuras que inevitablemente encontrará a lo largo de su vida. Algo que muy probablemente se aleja de lo que tú y yo vivimos en nuestras infancias.

Culpa y responsabilidad

Leyendo lo anterior, es probable que se te haya pasado en algún momento por la cabeza un pensamiento del tipo: «Sí, pero es que este dolor se lo he causado yo (o nosotros) con la separación». En ese caso me atrevo a decirte que no es así, al menos no así exactamente. Te mereces ser feliz, y tu felicidad les da alas a tus hijos para ser felices. Si vuestra relación de pareja ha terminado, bienvenido sea ese cambio, es una decisión vuestra, de los adultos, que les implica directamente: sí, ¿y?

¿Te sientes culpable por ello? ¿Sientes que es un dolor que podrías haberles evitado? ¿Eres consciente de todo el daño que se deriva en las criaturas cuando conviven con parejas que no se quieren, que se faltan el respeto o en las que hay una violencia soterrada a través de la pasividad agresiva, por ejemplo?

La culpa atrapa, mientras que la responsabilidad libera. La responsabilidad es la respuesta que lleva a la acción; mi pregunta es: ¿qué quieres hacer con ese dolor que pueden estar sintiendo tus peques? Si te sientes responsable de él, puede que caigas en la culpa y en la victimización, por lo que acabará entrando en esa espiral sin fin que te aleja del amor para acercarte al miedo. Mientras que si asumes que sí, que la decisión de la separación puede generarles dolor y lo vives como una oportunidad para acompañarlos y que integren una forma sana de transitar situaciones dolorosas, puedes sentirte en paz y actuar responsablemente sosteniéndolos emocionalmente, que es lo que necesitan.

> EL SUFRIMIENTO ES LA RESISTENCIA,
> LA NO ACEPTACIÓN.

La vida está llena de cambios; la separación es uno más, lo que sucede es que tiene una carga enorme por todos los juicios y creencias limitantes que existen en torno a ella. Sin embargo, es un cambio más del que van a aprender, o incluso del que ya están aprendiendo. En tu mano está vivir este cambio y todos los que se derivan de él desde la responsabilidad o desde la culpa y/o victimización.

Tal vez te ayude saber que la culpa está muy ligada a la falta de merecimiento y a la necesidad de sentirnos queridos. Al nacer, los seres humanos carecemos de personalidad y carácter; a lo que más llegamos es a tener temperamento (para entendernos te diré que es como «los genes del carácter»). Es la parte del carácter que se activa o no en función del contexto y de las situaciones que vivimos durante nuestros siete primeros años de vida.

En ese primer septenio, se va forjando la personalidad, que se crea a partir de la adaptación del ser al medio, al contexto social. Cuando tenías esa edad, necesitabas sentir que pertenecías a ese grupo, tu familia, y sentirte por lo tanto querida. Por lo que te ibas alejando de tu ser para convertirte en la persona que los demás querían que fueras.

Así fuiste comportándote según las expectativas de tu entorno, en lugar de hacerlo según sentías.

A partir de esta etapa, en torno a los siete años, se da lo que se suele denominar *cronificación de la personalidad*, que tiene como resultado el carácter. En otras palabras, el carácter no es más que el personaje que hemos creído que somos. Es la forma en la que a partir de los, aproximadamente, siete años aprendemos a desenvolvernos porque sentimos que así es como encajamos en el mundo.

La necesidad de pertenencia y de sentirnos vistas es lo que hacía que en la niñez nos comportáramos como los demás esperaban de nosotras. De este modo es como nos alejamos de nuestra esencia, de lo que tiene que ver con el alma más que con la forma en la que hemos aprendido a comportarnos; es decir, lo que SÍ somos. Ya puedes empezar a dejar de hacerlo, dedícate a lo que amas desde la libertad y la sensación de merecimiento de vivir, en lugar de sobrevivir.

Y es que es esta necesidad de pertenencia y de sentirte querida la razón por la que asoma la culpa cuando tomas una decisión como la de separarte: temes no estar haciendo lo correcto o lo que los demás esperan de ti. Tal vez incluso sientas que estás traicionando a las personas de tu entorno por no estar haciendo lo que se supone que está bien (según su criterio, que no tiene por qué ser el tuyo).

Vivir tu propia vida en conexión con lo que sientes no supone estar traicionando a nadie, te mereces vivir tu vida en paz, libre de etiquetas y en conexión contigo misma. En definitiva, una vida basada en el amor y no en el miedo a que no te quieran, a no ser aceptada o a que no les gustes tú o tus decisiones.

Puede que ahora mismo, con la situación por la que estás atravesando, tengas ante ti la oportunidad de vivir una vida mejor. Una vida propia en lugar de la vida que los demás esperan que tengas.

Probablemente, el personaje que te creaste en tu infancia durante muchos años te ha servido y te ha ayudado; puede que haya cumplido su función, pero que ya no te sirva, ¿te permite vivir en libertad o te aleja de quien realmente eres?

Porque si te aleja de tu esencia, si te ata a vivir una vida que no deseas, una vida de sufrimiento, una vida de hastío, una vida llena de conformismos..., entonces aléjate, vete. Deja ya ese personaje que complace a todo el mundo salvo a ti misma y comienza a complacerte a ti.

De uno de mis formadores aprendí a distinguir entre CULPA (con mayúsculas) y culpa (con minúsculas).

La primera, la CULPA, es aquella en la que por acción u omisión te arrepientes de algo que ha podido dañar o perjudicar. Es algo de lo que te sientes responsable y que tiene consecuencias para otras personas; puede ser cualquier falta de respeto, como gritar a tus peques. Si sientes culpa será entonces CULPA, pues es una acción que les daña, y siendo consciente de lo que sientes, CULPA, puedes reparar el perjuicio ocasionado por tu acción con unas disculpas y el compromiso contigo misma y con ellos de evitar esa falta de respeto en ocasiones venideras. Se podría decir que esta es la culpa sana, que es aquella gracias a la cual podemos tomar conciencia de que hay algo que no hemos hecho bien y podemos asumir así nuestra responsabilidad para reparar.

La segunda, la culpa (con minúsculas), es aquella en la que, haciendo o dejando de hacer lo que tú deseas, alguien se siente ofendido o molesto; entonces viene la culpa, que no es más que el miedo a que te dejen de querer. Como la culpa que te comentaba hace un momento que asoma cuando decides separarte, algo que fácilmente no aprueba tu entorno. En ese caso, al no haber aprobación, el temor a que te dejen de querer y no ser aceptada genera en ti culpa. La pregunta entonces es: ¿quieres seguir viviendo en función de las expectativas de los demás o eliges serte leal a ti? Saberlo y tomar consciencia de ello puede ayudarte a aliviar la culpa que puedes sentir en ocasiones por tomar decisiones por ti misma. La baja autoestima y la falta de merecimiento acentúan esta culpa porque hace que busques fuera lo que tal vez no encuentras dentro, como tu propia aprobación.

Cuando sientas culpa, pregúntate qué culpa estás sintiendo. Si se trata de CULPA, asume tu responsabilidad y actúa en consecuencia, para ir a la acción. Pero si, por el contrario, se trata de culpa, entonces recuerda que estás buscando fuera lo que ya puedes encontrar dentro de ti: aprobación y amor.

> LA CULPA ESTÁ MUY LIGADA A LA FALTA DE MERECIMIENTO Y A LA NECESIDAD DE SENTIRNOS QUERIDOS.

No juegues a ser lo que los demás esperan de ti, porque entonces estarás sobreviviendo en lugar de viviendo. En ese caso estarás dejando pasar la vida por delante de ti en lugar de elegir vivir tu propia vida.

Llegados a este punto, me atrevo a hablar de una tercera culpa, la que nos victimiza, y es que la culpa puede cumplir también esta función, la de justificar nuestra no asunción de responsabilidad. Es una culpa que nos enferma y nos ancla en la inmovilidad.

Esta culpa permite que nos sintamos víctimas y nos presentemos como tales a nuestro entorno, logrando así su favor y ser vistas de esta manera. Sin embargo, cuando ocupamos este lugar estamos dejando de asumir nuestra responsabilidad maternal y probablemente nuestras criaturas estén quedando desatendidas emocionalmente de alguna manera.

Por eso es importante que si sientes culpa te pares a discernir qué viene a decirte esta, dónde te estás colocando y qué necesitas para dejar de estar anclada en ella y así pasar a la acción desde la responsabilidad.

> LA CULPA ATRAPA, MIENTRAS QUE
> LA RESPONSABILIDAD LIBERA.

Nos han criado, y así hemos crecido, creyendo que valemos por lo que hacemos, en lugar de por lo que somos, y así aprendimos a vivir desde el miedo, en lugar de hacerlo desde el amor. Vivir tu propia vida es de los mejores y mayores aprendizajes que puedes regalarles a tus peques. Si aprendes a sentirte plena y dichosa por SER, no por lo que haces o dejas de hacer, puedes acompañar a tus peques valorándolos por lo que ya son.

Ahora tienes la oportunidad de cambiar de paradigma para vivir una vida plena en la que no necesitas la aprobación de los demás para vivir la vida que deseas. Solo necesitas tu permiso y el compromiso contigo misma. La vida te está esperando cada día; no tiene prisa, es generosa y te regala un día tras otro para darte una oportunidad tras otra de que cojas libre de culpa las riendas de tu vida.

La separación puede ser un desafío lleno de oportunidades y una de ellas es mejorar tu autoestima.

Noelia llevaba dieciocho años casada cuando se planteó seriamente la posibilidad de separarse. Seriamente porque desde que se quedó embarazada de su primer hijo, a los dos años de relación, ya nada fue igual con su pareja; se mantuvo a su lado por los menores, que para entonces ya eran adolescentes.

> Hacía años que en la pareja no había muestras de cariño, que dormían separados, y la complicidad brillaba por su ausencia, aunque como compañeros de piso se entendían a la perfección.
> Ella necesitaba aclararse para tomar una decisión que le permitiera volver a sentirse viva y recuperar la alegría perdida.
> Entonces inició un proceso en el que pudo mirar de frente a cada uno de sus miedos, convertir cada creencia limitante en una creencia potenciadora y comenzar a conectar consigo misma para alimentar así su autoestima.
> Poco a poco se fue transformando y su rostro fue reflejando la claridad que internamente iba adquiriendo, siendo especialmente revelador cuando se dijo: «Ahora tengo la seguridad de que me tengo a mí y de que no me voy a fallar, por eso he podido superar el miedo, y además me he dado cuenta de que, si yo me sitúo, todo se sitúa a mi alrededor».
> Finalmente, Noelia pudo tomar la decisión de separarse sintiéndose en paz y con total seguridad en lo que hacía. Su proceso no estuvo exento de dolor, pero pudo transitarlo sin más porque estuvo exento de sufrimiento.
> Adquirió la seguridad a través de la conexión consigo misma que le permitió dar cada paso desde la certeza de lo que sentía y aceptando lo que estaba siendo en cada momento.

Cuando volvemos la mirada hacia nosotras, cuando ponemos en valor nuestro sentir en lugar de mirar hacia fuera y darles valor a los demás o al mensaje socialmente aceptado, la vida se vuelve a nuestro favor.

Muchas veces esperamos que lo que nos rodea sea de una determinada manera o que los demás entiendan según qué cosas para hacer o dejar de hacer otras, pero la vida no funciona así. Tu vida va de ti, no de los demás, por lo que se trata de que internamente te posiciones echando raíz dentro de ti, cambiando así lo que consideres desde la honestidad y valentía, no esperando que otros hagan cambios como consecuencia de los tuyos.

Cuando haces estos movimientos internos de forma real, se producen inevitablemente cambios en tu entorno.

> «AHORA TENGO LA SEGURIDAD DE QUE ME TENGO A MÍ Y DE QUE NO ME VOY A FALLAR, POR ESO HE PODIDO SUPERAR EL MIEDO.»

Fase 1. Aceptación de la separación

Acompañar emocionalmente a tus peques y ser su sostén ante la nueva situación familiar puede no resultar fácil en muchas ocasiones, especialmente cuando las emociones que transmiten resuenan en ti. Por ello, en la medida en la que te sea posible, acepta esta situación que estás viviendo, no luches contra ella, asúmela. Claro que para que la aceptación pueda darse es necesario que antes puedas dar salida a lo que sientes, ya sea dolor, rabia, frustración, tristeza, nostalgia, miedo, incertidumbre, alivio...

Dependiendo de si es una decisión muy premeditada y compartida, si es repentina e inesperada por una de las partes o cualquier otra posibilidad entre medias, esta aceptación va a ser más o menos fácil.

Lo que te propongo no es que hagas magia y con un chasquido de dedos te encuentres en paz y estés como si nada. No, eso ni es posible ni sano en la mayoría de los casos. Mi propuesta va más encaminada a que no te quedes enganchada en lo que podría haber sido, en la culpa y/o en el victimismo.

Con la separación se dan cambios ineludibles que tienen que ver también con lo material; no se trata solo de cuestiones emocionales. La situación económica influye mucho en los inicios de la separación; de hecho, es un motivo por el que muchas parejas deciden no separarse, pues supone una merma en la mayoría de los casos.

Llevar a cabo una separación sin querer renunciar a nada no es factible. Hay renuncias, obligatoriamente, pero no tienen por qué ser para siempre, en muchos casos son temporales. En la medida en la que puedas contar con apoyo, con una red social o familiar que te ayude, te resultará más fácil. A veces, el camino puede ser una «opción puente»; así fue como denominé la que yo viví.

Me separaba y el padre de mis hijos y yo convivimos tres meses más en la que había sido la vivienda familiar. Necesitamos nuestro tiempo para ver cómo nos organizábamos, y yo tenía especial interés en hacer una separación progresiva para nuestros hijos, para favorecer así su adaptación al nuevo molde familiar. Además, todos necesitábamos nuestro tiempo de adaptación, unos más que otros, y tres meses fue el tiempo en el que hallamos el equilibrio entre los diferentes ritmos.

Yo había vivido toda mi vida en la ciudad, en un barrio muy conocido y turístico; por fin, poco más de un año antes, habíamos logrado irnos a vivir al campo, a una casa de ensueño. Era algo que yo llevaba soñando desde que había sido madre, era mi gran deseo; con la separación, él tuvo claro que se iba, pero yo me quería quedar allí. Así pues, busqué opciones que hicieran sostenible aquella decisión. Pero la vida tenía sus propios planes para mí.

Pasaron una serie de circunstancias que ponían cada vez más mi mundo patas arriba, todo a mi alrededor se iba desmoronando, hasta que recibí una llamada inesperada con otra mala noticia: los dueños de la vivienda me decían que vendían aquella casa de ensueño y que no se prorrogaría el contrato de alquiler. ¡Lo que me faltaba!

Sentía que me ahogaba. Miré al cielo y, gritando hacia dentro con todas mis fuerzas, dije: «Me rindo, dejo de luchar. Que se caiga todo lo que se tenga que caer de mi vida, que se termine de derrumbar todo ahora, que ya me levantaré cuando pueda».

Poco después inicié un periplo de búsqueda de posibilidades mientras hacía números para evitar volver a la ciudad, a casa de mis padres. No quería cambiar el silencio y el verde por el asfalto y el ruido de la gente y el tráfico. Y, bueno, aunque adoro a mis padres, no me apetecía volver a vivir en su casa, cuando hacía años que me había independizado y vivía bajo mis normas y las de mi familia nuclear.

Sin embargo, aquella búsqueda no dio fruto alguno, todas las puertas se me cerraban, al tiempo que yo, que había dicho que dejaba de luchar, me iba rindiendo para aceptar cada vez más la posibilidad que menos deseaba: volver a casa de mis padres. Tras esa llamada decidí dejar de resistirme a lo que estaba sucediendo para entregarme a lo que la vida venía a enseñarme. Fue así como llegué a mi «opción puente»: vivir en casa de mis padres. Mi expectativa era irme dos meses, el tiempo que estimé que tardaría en encontrar una vivienda para mí y mis hijos acorde a mi situación económica; sin embargo, la realidad fue bien distinta y estuve allí casi un año.

Reconozco que me costó aceptarlo, pero pronto pude agradecerlo, porque vi cómo mis padres se convertían en un apoyo emocional importante para mis hijos en un momento en el que ni su padre ni yo pasábamos por nuestro mejor momento. Suerte la mía que los tuve ahí conmigo.

Pasado el tiempo, pude llegar a lo que yo deseaba y vivir en el lugar y forma en que soñaba hacerlo. Eso sí, en el camino aprendí mucho, entre otras cuestiones a manejarme sola económicamente, pues era una responsabilidad que yo había delegado y que en ese momento asumí con el gran aprendizaje que esto supuso en mi vida.

Aceptar que desde el inicio no vas a poder tener la vida que deseas es importante para no andar dándote trompazos contra la pared una y otra vez. Yo puedo decirte que aprendí lo indecible volviendo a casa de mis padres y que ahora, mirando atrás en el tiempo, veo que fue una oportunidad para sanar muchas cosas y volver a salir de allí desde otro lugar.

Otra de las cosas que acepté con la separación es que hay un cambio, no solo en lo material, sino también en las relaciones de amistad. La separación ofrece la oportunidad de aprender a desapegarnos de cosas y de personas, y es que el divorcio trae consigo muchas veces una suerte de selección natural de las relaciones humanas.

Abrirte a los cambios es una manera de ponértelo algo más fácil. A mí me ayudó mucho aprender a tomarme la vida menos en serio y acoger la visión que me ofrecían otras personas cuando me decían que la vida es un juego en el que vivimos diferentes aventuras. Date permiso para explorar, es un buen momento para empezar a vivir la vida con otros ojos, con una mirada curiosa.

La cuestión es que tú eres la adulta y tus peques necesitan sentir que eres su sostén. No se trata de que hagas como si nada y sigas adelante restando importancia a lo que sientes, sino de que adoptes la postura que más te ayude.

Y es que, teniendo en cuenta que, como te decía al inicio, la separación suele hacer que conectes con las propias heridas de la infancia y otras de la vida que poco o nada tienen que ver con la relación de pareja, si no te haces cargo de ello estarás actuando desde tu niña interior, que no es más que la niña que fuiste. En ese caso, te resultará más difícil acompañar emocionalmente a quienes en un momento así más lo necesitan: tus peques.

Si no te sientes capaz, puedes buscar ayuda o apoyo. La vida de tus hijos no depende exclusivamente de esta etapa que atravesáis, y tampoco su desarrollo emocional está en juego. Se trata de un periodo de transición de una forma de vida a otra; ante ti se abren numerosas oportunidades. De la que te hablo ahora es la de aprender a vivir desde la adulta, en lugar de hacerlo desde la niña, si sientes que estás ahí muchas veces.

La niña interior

¿Te ha pasado alguna vez que te sientes madura y sensata y que en otros momentos parece que una fuerza sobrenatural se apodere de ti, haciendo que actúes de forma desproporcionada e incontrolable?

Esto sucede porque dentro de ti está tu niña interior, esa que existió pero que tal vez no recibió todo lo que necesitaba. La herida de la niña interior se crea en la infancia a partir de la distancia que se da entre lo que la niña necesitó y lo que obtuvo. Es el conjunto de emociones y experiencias que no fueron validadas y acompañadas en la infancia y adolescencia como la niña requirió, por lo que aún no se han resuelto.

Es la distancia que hay entre aquellas necesidades auténticas de amor, ternura, presencia, contacto, vínculo, intimidad, confianza..., y lo que verdaderamente llegó. Y cuanto mayor es la distancia entre lo que necesitamos desde la raíz del ser humano y lo que recibimos, mayor es dicha herida.

En los casos de violencia activa, como son los de abuso, maltrato, etc., es más fácil ver y entender que exista una herida de infancia. Sin embargo, en los casos de violencia invisible, esta es más sutil y la tenemos tan normalizada que hasta nos puede costar reconocerla, aunque la herida también exista.

Me refiero a cuando en la infancia hay padres y/o madres ausentes porque andaban con muchas ocupaciones (el trabajo fuera de casa, el del hogar, cuidar a todos los hijos e hijas...), por lo que no tenían tiempo para atender las necesidades primarias de sus peques (y esas criaturas no fueron atendidas tal y como se merecían).

Puede darse también cuando hay sensación de desamparo, falta de conversación, de vínculo, con madres/padres muy controladores, madre depresiva, alta exigencia... A través de este tipo de conductas se va dañando la autoestima.

Puedes pasar toda tu vida sin darte cuenta de que existe una herida primaria que hace que vivas la vida desde tu niña interior, aunque la maternidad suele ser ese despertador que hace que inevitablemente esa herida escueza. ¿Por qué? Porque los niños y las niñas son pura emoción; a través de sus emociones, esas tuyas que estaban dormidas o escondidas, de alguna forma enquistadas porque no fueron atendidas, se activan; entonces, de forma inconsciente, viajas a tu infancia.

También porque en la maternidad y la paternidad el cansancio es mucho mayor, dormimos menos, la carga mental es mayor, la atención a nuestras necesidades es mucho menor... Todas estas circunstancias hacen que nuestra niña interior esté más a flor de piel desde la maternidad.

Lo que queda de las experiencias muchas veces no son ni los recuerdos, que puede que también, sino las emociones que se pusieron de manifiesto y que por algún motivo quedaron atrapadas en el interior. Aunque no tengamos recuerdos vívidos de aquello, nuestra infancia aflora de nuevo en esta etapa vital. Por eso la forma de manifestarse la niña interior es a través de las emociones y lo hace de forma automática ante determinadas situaciones y personas.

Puede que ahora tu niña interior demande lo que necesitó en su día y no obtuvo. Y en la medida en la que no la atiendes, sigue poniéndose de manifiesto a través de esas conductas tuyas que no te gustan de ti y que, sin embargo, a veces te resulta muy difícil evitar.

> PARA SANAR A TU NIÑA INTERIOR HAS DE VIVIR UNA VIDA BASADA EN EL SER, ANTES QUE EN EL HACER Y TENER.

La infancia es la base de la edad adulta y lo que viviste en ella no te pasa desapercibido ahora, aunque no seas consciente de ello. No tienes por qué haber vivido una infancia horrible ni haber tenido una madre y/o padre negligente, sino unos que, haciéndolo lo mejor que pudieron y supieron, y con su niño y niña interior heridos, te ofrecieron algo que para ti tal vez no fuera suficiente o no te atendieron como necesitaste. En esa distancia entre lo que requeriste y te dieron se forjó tu herida, que es donde se cuece el origen de tus dificultades emocionales: los miedos, las inseguridades, las adicciones, la dependencia emocional, las reacciones emocionales automáticas y descontroladas, la actitud victimista...

Saber esto te puede ayudar a entenderte y a reconocer cuándo actúas desde tu niña interior y cuándo desde la mujer adulta que eres.

En un proceso de separación o de divorcio se abren muchas de estas heridas, ya que se da una conexión directa con la carencia, con el vacío y el abandono, y se remueven todas las inseguridades cuando estas no han sido atendidas.

De hecho, si vamos un poco más atrás, te diría que nos separamos desde las heridas porque nos emparejamos desde ellas, desde el vacío, pretendiendo que la otra persona nos dé lo que necesitamos o nos falta, en lugar de emparejarnos desde la plenitud interior. Muchas veces, influenciadas por los modelos de pareja que hemos tenido en nuestro entorno, buscamos que la otra parte llene el hueco que sentimos dentro de nosotras.

Si durante la relación de pareja no has mirado y revisado esto, es fácil que tengas ahora una sensación de pérdida enorme. Por ello es importante que seas consciente de tal cosa, pues de lo contrario puedes actuar y decidir desde tu niña interior.

Hacerte cargo de la situación requiere que la vivas desde tu yo adulto; muchas veces esta es la mayor dificultad. Lo más frecuente es responder desde la niña interior, es decir, desde las heridas de tu infancia que puede que ni sepas que existen.

En esas situaciones, no hay elección propia, no estás actuando desde la consciencia, sino desde el piloto automático; es decir, reaccionando. Puede ser cuando gritas, reprochas, castigas, te enfadas, juzgas... Esas reacciones de las que después te arrepientes. Todas estas son acciones basadas en la carencia, en el vacío interior.

Ocurre también cuando señalas al otro y pones la mirada en él como culpable. Esto se da porque en nuestra infancia, cuando papá y/o mamá se enfadaban, te señalaban a ti haciéndote responsable de su malestar. Por eso creciste sintiendo que tus adultos de referencia se sentían a gusto o disgusto en función de lo que tú hacías o dejabas de hacer. Y ahora eres tú la que pones el foco fuera, como si tu bienestar dependiera de lo que hacen o dejan de hacer tus peques, tu pareja, tu familia..., cuando realmente tu bienestar solo depende de ti.

Sana a tu niña interior

El final de vuestro ciclo como pareja es una oportunidad para ti de que, por fin, sanes a tu niña interior. Y es que no existe otro camino para sentirte plena y llena de amor que aprendiendo a cuidarla.

Si la sanas, puedes mejorar en todos los ámbitos de tu vida, como mujer, como madre, como profesional..., pues ganas en seguridad y confianza en ti misma, en sensación de plenitud y paz interior.

Al no sanar a la niña interior, corres el riesgo de vivir una vida basada en la carencia, en la sensación de insatisfacción, de no sentirte a gusto contigo misma, con muchas inseguridades y sensación de vacío, con el sentimiento de no ser capaz ni suficiente, con tendencia a la exigencia, el perfeccionismo y el control. En definitiva, una vida más basada en el hacer y el tener que en el ser.

Empieza por observarte en todo tu ser. Obsérvate en tus pensamientos, en cómo te hablas, en lo que te dices, en cómo te relacionas con otras personas, cómo cambias según con quién estés... Sé tu propia observadora, pero no desde el juicio, sino desde el amor más sincero y con la curiosidad de una niña.

Se trata de que vayas identificando desde la observación cuándo actúas desde tu yo adulto, es decir, de forma consciente, y cuándo lo haces desde tu niña interior, es decir, de forma reactiva, automática y desproporcionada. Según vayas identificando cuándo toma las riendas tu niña interior, podrás mantener un diálogo interno con ella. Cuando sientas que está actuando tu niña, párate, siente tu cuerpo, identifica dónde vibra con más fuerza, pregúntate a qué sensación o recuerdo te conecta, pregúntate de dónde viene lo que te ha removido, y sobre todo qué necesita. Deja que tu parte inconsciente hable y no juzgues lo que dice. Las primeras veces puedes sentirte un poco extraña en tu diálogo interno; sin embargo, puede ser muy esclarecedor. De esta forma podrás irte conociendo y descubriendo rincones de ti que tal vez no conocieses.

Incluso puedes llevar un registro donde vayas anotando ante qué situaciones actúa tu niña interior, pues a veces se da un patrón que se repite; en cualquier caso, esto puede ayudarte a identificar lo que verdaderamente necesitas.

Acaricia y abraza a esa niña, y dile que ya te ocupas tú de ella, que puede estar tranquila. Entonces asume el compromiso contigo misma de, reconociendo la necesidad que está debajo de esa reacción que has tenido, darte lo que necesitas. Se trata de que puedas escuchar a tu niña, no de que la censures. Observarte va a permitirte escucharla, y así atender la necesidad real que hay tras tu reacción.

Sanar a la niña interior no requiere que vayas a tu madre o padre a pedirle explicaciones, recuerda que lo hicieron lo mejor que supieron y pudieron. Tampoco significa que te tenga que valer lo que hicieron; el hecho de comprenderlos no elimina tu dolor ni tus necesidades no atendidas.

Se trata de que inicies un proceso de automaternaje en el que seas tú misma quien atiendas a esa niña para ofrecerle lo que necesita, y así poder atenderte. Para ello el primer paso es conectar contigo y reconocer tus propias necesidades, para así poder cubrirlas.

Dentro de ti hay una niña que te está esperando para que la acojas y le des tu amor, comprensión y apoyo. Desea que la escuches, la aceptes tal y como es y la trates con paciencia cuando se encierra dentro de sí.

Ese es el automaternaje, y en la medida en la que vayas reconociendo cuándo actúa la niña y cuándo la adulta, para después atender las necesidades que la niña viene a mostrarte, estarás sanando e irás viviendo cada vez durante más tiempo desde la adulta.

En nuestra infancia queremos por encima de todo que nuestros padres nos acepten y nos quieran, hacemos lo que sea para que esto suceda, escondiendo y ocultando nuestra esencia. Ahora el camino de sanación es reencontrarte con tu esencia pura y que está tras la máscara; así podrás vivir desde el amor, que es tu yo verdadero, en lugar de hacerlo desde el miedo, que es el personaje que te has construido para sentirte vista y querida.

Si sientes que no puedes hacerlo sola, que se te hace un mundo todo esto, busca ayuda. Los seres humanos somos interdependientes, no podemos hacerlo todo de forma individual. Somos seres sociales que nos necesitamos. Pedir ayuda es un gesto de autocuidado y no te hace menos válida. Yo misma necesité ayuda profesional para recorrer todo el camino que te cuento en este libro; sin las personas que supieron acompañarme y sostenerme cuando lo necesité, y a las que pedí ayuda, muy probablemente no habría podido escribirlo.

De hecho, llegadas a este punto, quiero confesarte que, cuando hablo de la niña interior, siempre me viene a la mente el mismo recuerdo: me veo en mi primer parto, en un instante en el que parece que entre tanto revuelo en plena dilatación activa hubiera un momento de lucidez y ligereza al invadirme una sensación muy poderosa con la que me sentí mujer por primera vez. Me sentí mujer de una forma muy distinta a como me había sentido hasta entonces; fue así como tomé consciencia de que a mis veintisiete años había estado viviendo mi vida desde mi niña interior, no desde la mujer que me creía ser.

Fue entonces cuando comprendí ese concepto abstracto del que tanto había oído hablar y que no lograba entender: la niña interior. A partir de entonces, siendo yo madre primeriza, comencé la andadura que te acabo de invitar a hacer..., si esto es algo que resuena en ti y lo sientes, claro.

Fase 2. Comunicar la noticia

El momento de contarles a tus peques la noticia de la separación o divorcio es normal que te genere mucho estrés, pues vas a hablarles de algo que piensas que puede dolerles cuando te pasas la vida intentando evitarles dolor y sufrimiento. No hay varitas mágicas para esta situación, lo que sí hay es algo que funciona casi igual para tus peques, y eso son tus brazos y caricias, tu amor. Ya sabes que el dolor es una parte más de la vida, lo que marca la diferencia es cómo aprendemos a transitarlo.

Y sobre todo ten en cuenta que, por mucho que te preocupe este momento, es solo eso, un momento puntual de sus vidas, pero no será decisivo, lo importante es cuidar todo el proceso de adaptación de vuestra transformación familiar.

La mayoría de las madres y los padres se agobian por este momento y le ponen muchísima atención antes de que llegue desde la preocupación, sin embargo conviene ocuparse del proceso completo hasta que los hijos y las hijas hayan integrado lo que supone en su vida el cese de vuestra relación de pareja.

> CADA SITUACIÓN EN LA QUE LOS PUEDAS ACOMPAÑAR EN SU DOLOR ES UN MOMENTO DE CONEXIÓN EMOCIONAL Y UNA OCASIÓN PERFECTA PARA FORTALECER VUESTRO VÍNCULO.

Te animo a que te ocupes de lo que está en tu mano, que es evitar que se convierta en una situación dañina; lo demás deja que vaya sucediendo desde una actitud de observación y exploración. Debes abrirte a otras posibilidades, pues puede que tus peques te sorprendan por la naturalidad con la que acogen algunos momentos del proceso. En lo que respecta a ellos, pon el foco en la forma en la que les comunicas vuestro nuevo molde familiar y en cómo los acompañas emocionalmente durante todo el proceso.

Para este momento te propongo tener en cuenta algunas cosas, como que les cuentes, junto con tu expareja, la situación que se avecina; no esperéis hasta el final para decírselo, porque para entonces ya sabrán que algo pasa, aunque no sepan el qué, y esa angustia es mucho peor. Sé que no siempre es viable que les deis la noticia de forma conjunta; si os es posible, va a ser mejor para tus peques, pero si no puede ser, no es el fin del mundo, no te fustigues: vas a llegar hasta donde puedas.

También les afecta saberlo sin que se lo hayáis contado vosotros, sino porque se han dado cuenta por sí mismos. Y es que, aunque creas que no comprenden nada, lo perciben todo, y les duele sentir que no los tenéis en cuenta.

Y es que los niños y las niñas tienen el mayor radar de autenticidad que existe; aunque a lo mejor no pueden intelectualizar lo que está sucediendo, sí que pueden saber, por las sensaciones que reciben, que algo no va bien. Ten en cuenta que viven tanto en el mundo real como en el de la imaginación, por lo que «saber sin saber» da alas a sus fantasías, que pueden ser mucho peores que la realidad. Es más, teniendo en cuenta que son egocéntricos por la fase evolutiva en la que se encuentran (especialmente durante la primera infancia, 0-6 años), en sus fantasías lo que imaginan puede ser peor, pues pueden hacerse responsables de la situación.

La palabra siempre aclara, calma y cura, es el instrumento ideal para esta situación; eso sí, cuidando hasta dónde les contáis y adaptando el lenguaje a su edad. Contarles lo que vais viviendo y darles voz les permite ir asimilando los hechos con sus respectivas emociones.

No es malo que en este momento de contarles que os separáis os vean tristes o incluso que os emocionéis; lo importante es que no sea de una forma descontrolada, pues, de lo contrario, sentirán la necesidad de estar como cuidadores y protectores vuestros y ocultarán sus emociones. Recuerda mantener el papel de adulta y cuidadora de tus criaturas.

> Begoña llevaba cuatro años planteándose la separación, pero el miedo la paralizaba y no se atrevía a dar el paso, pese a que su matrimonio estaba tremendamente dañado. Sus hijos eran adolescentes y no le preocupaba especialmente cómo lo llevarían, porque consideraba que se adaptarían sin problema, pues ya conocían cómo de fría era la relación de pareja de sus padres.
>
> En ella el padre había adquirido el rol de hijo y de víctima, y ella, el de su madre. En lo que concernía a la separación fácilmente actuaban desde su niño y niña interior, lo que los llevó a que, en el momento de comunicar la noticia a sus hijos, el padre, que se había mantenido en silencio mientras ella hablaba, en un momento dado comenzara a llorar y se desmoronara; la madre se contagió e hizo lo mismo, por lo que el hijo mayor los abrazó a ambos, seguido del pequeño; les dijeron que estuvieran tranquilos, que no pasaba nada.
>
> Esto es justamente lo que no debe ocurrir, nuestro rol debe ser el de adulta y el de cuidadora de nuestros hijos. Si nuestra pareja se desmorona en ese momento, hay que intentar poner palabras a lo que está pasando y hacerse cargo de la situación, para evitar que lo hagan los menores y asuman una carga que no les corresponde.
>
> Begoña pudo repararlo. Lo hizo lo mejor que supo y pudo y en adelante aprendió a colocarse y mantenerse en el rol de adulta para que sus hijos, sobre todo el mayor, no ocupara el lugar de padre ni de pareja de ella.

Pero ¿cómo los protegemos ante una situación así? No necesitan que los protejas, porque la separación no es algo malo ni traumático en su esencia, lo dañino puede ser gestionarla mal.

Para cuidarlos, permíteles expresar sus emociones y valídaselas. Hazles saber que los amáis y que, aunque ya no sois pareja, siempre seréis su mamá y su papá, y que por ello os querrán mucho a los dos.

En el momento de dar la noticia, es importante también cuidar el contexto. No existen unas pautas ideales para darla, por ello apelo a tu saber responsable e intuitivo como madre, pues eres la persona ideal para, conociendo mejor que nadie a tus peques, elegir el momento y lugar más adecuados.

Lo que sí puedes tener en cuenta es que hay contextos que conviene evitar, como:

- Dar la noticia mientras se está comiendo, pues pueden hacer una asociación con la comida que les afecte negativamente en el futuro.
- Evitar hacerlo justo antes de dormir o justo antes de ir a la escuela, pues en estas situaciones no pueden digerir la información acompañados de sus mayores referentes: mamá y papá.

Te propongo que les comuniquéis la noticia en la que hasta el momento ha sido la vivienda familiar. Puede ayudarlos a sentir contención, pues la casa es su lugar de mayor confianza y seguridad, aunque también puedes elegir hacerlo en un lugar neutro, si la casa no es viable o no lo sientes así. Durante todo el proceso escúchate y confía en tu intuición a la hora de tomar decisiones, que este libro te sirva como guía, no como unas instrucciones que debes cumplir a pies juntillas.

Lo más importante es que te muestres disponible para acompañar sus emociones a la hora de recibir la noticia. Ya lloren, se enfaden o se queden en silencio, e incluso hagan como si nada, que también es posible, lo crucial es que les permitas expresar su sentir sin necesidad de esconderlo.

Es como cuando se caen y se hacen una herida en alguna parte del cuerpo. Puedes ir corriendo a socorrerlos y curarlos como si no hubiera un mañana o acudir a tu peque para preguntarle cómo está, acompañarlo a levantarse respetando su espacio por si se quiere incorporar por sí mismo y después limpiarle la herida si esta lo requiere.

Ante el escozor que le pueda generar la cura, sigues haciéndolo para evitar que se infecte y cree más problemas en adelante, cuando el dolor y las consecuencias podrían ser peores. Lo mismo sucede en el caso que nos ocupa, permitir a tus criaturas que expresen su sentir desde el primer momento favorecerá una integración sana del proceso de separación y favorecerá una adaptación amable a la nueva estructura familiar. Siempre respetando su espacio, observando y escuchando con los ojos, los oídos y el corazón.

El dolor forma parte de la vida, y aunque como madre y padre queráis evitárselo, no siempre es posible. Para su desarrollo es mucho mejor aprender a transitarlo, lo necesitarán a lo largo de su vida. La separación es una oportunidad estupenda para ayudarlo a crecer en este sentido. Y cada situación en la que los puedas acompañar en su dolor es un momento de conexión emocional y una ocasión perfecta para fortalecer vuestro vínculo.

En caso de que pregunten cosas que todavía no habéis decidido, es bueno responderles la verdad, que aún no está decidido y que vais a hablarlo (entre papá y mamá). Si quieren expresar sus preferencias, es bueno escucharlos y hacerles saber que las tendréis en cuenta, porque es especialmente bueno en momentos como este que se sientan atendidos y escuchados, aunque la decisión última será vuestra.

Sean cuales sean los motivos de la separación, estéis o no los dos de acuerdo con ella, al contarles a los peques la decisión recuerda que no hay necesidad de entrar en detalles que no puedan entender o que les vaya a hacer daño saber. Para ello es de suma importancia tener en cuenta a tus peques en primer lugar; es decir, tener la responsabilidad parental como prioridad. Toma cada decisión teniendo a tus criaturas en el centro de ellas. Esa es la clave fundamental.

Y a partir de ahí ten en cuenta:

- No demorarte en contarles la decisión que habéis tomado.
- En la medida en la que sea posible, contádselo los dos juntos.
- Cuéntales la verdad sin entrar en detalles y adaptando el mensaje a su edad.
- Hazles saber que ya no sois pareja/novios, pero seguís siendo para siempre su madre y su padre.
- No temas mostrar cómo te sientes, sin sobrepasarte.
- Muéstrate disponible y permite su expresión tanto emocional como verbal.
- Resuelve todas sus dudas y no temas contestar «no lo sabemos aún».
- Cuida el contexto.

En ciertas ocasiones, tan difícil puede ser comunicar la noticia a los hijos y las hijas como al entorno. Para esos casos puedes tener en cuenta algunas cuestiones que te lo pongan un poquito más fácil o, al menos, menos difícil si se te hace cuesta arriba.

No tienes que pedir permiso a nadie. Es tu vida, es tu decisión, y si crees que tu entorno no te va a saber apoyar como necesitas, puedes elegir comunicar la noticia más adelante. No existe manual de instrucciones ni lo que es correcto o lo que no. Existen tus necesidades, que nadie conoce mejor que tú; tu libro de instrucciones es tu corazón, tus tripas. Apaga el ruido mental, siente tu cuerpo y escúchate para hacer lo que sientas.

Puede que, si tus interlocutores no han pasado por un proceso de separación o divorcio, posiblemente tu situación les haga plantearse su situación actual, y el miedo a vivir algo parecido puede condicionar sus reacciones. Hay quien reacciona a esta noticia como si le estuvieras estornudando encima y, por miedo a un virus contagioso, se aparta.

Trata de no sucumbir a la tentación de mostrarte como víctima, ya que, además de no ayudarte a tomar responsabilidad desde tu yo adulta, la actitud de quien te escucha puede dificultarte la relación con el padre de tus peques en un futuro. Por ejemplo, imagina que lo presentas como un monstruo, en ese caso quien te escucha, que forma parte de tu entorno y te quiere, puede desarrollar animadversión por esa persona y no respetar el lugar que ocupa como padre de tus criaturas, por lo que si en un futuro se dan posibles encuentros en cumpleaños u otras fiestas importantes, tal vez tus peques no puedan compartir encuentros con diferentes miembros de las familias al haberse creado una distancia o una guerra soterrada.

Puedes explicarles directamente qué necesitas y cómo pueden ayudarte. Así como hacerles saber cómo te gustaría que se comporten frente al padre de tus hijos e hijas, pues con ánimo de apoyarte pueden posicionarse en contra de él, y puede que eso no sea lo que quieres por ti misma, por él, por vuestra relación o por el bien de tus criaturas.

En el caso de que compartas tu situación con alguien que ha vivido una separación beligerante o complicada, puede verse en disposición de darte consejos desde su experiencia basada en el miedo, por lo cual te puede alejar de una *separación consciente* al alimentar tus propios miedos o adquirir otros nuevos al escucharle. Recuerda que cada persona habla desde sus experiencias y miedos, por lo que escucha con un filtro que te permita estar conectada a ti y prestar atención a tu propia voz interna.

Fase 3. Papá o mamá se va de casa

Tras la comunicación de la noticia, este puede que sea el siguiente momento más difícil del proceso, cuando uno de los dos deja la que hasta ese momento ha sido la vivienda familiar. Es importante tener en cuenta que, en muchas ocasiones, es en este momento cuando los niños y las niñas toman consciencia del cambio que supone la separación; aunque pueda ser duro para todas las partes, cuidar a quienes son más vulnerables puede facilitarles el proceso de adaptación al nuevo molde familiar.

> EN EL MOMENTO DE LA DESPEDIDA TE PROPONGO QUE ESTA NO SEA EXCESIVAMENTE RÁPIDA, SINO QUE PERMITA ALGUNAS PALABRAS DE CONSUELO MÁS ALLÁ DE UN SIMPLE ADIÓS.

Puede ayudarlos mucho prepararlos previamente para el momento en el que uno de los dos se va de casa. Por ejemplo, si la noticia se les dio con tiempo, se les puede incluir de alguna manera en la búsqueda de la nueva casa o enseñarles la que va a ser la nueva vivienda. E incluso que ellos participen en la decoración; por ejemplo, hacer dibujos y manualidades que se puedan poner en sitios visibles permite que se vayan familiarizando desde el principio con el que también va a ser su hogar.

Es importante que quien deja la casa no se presente ante los hijos como víctima, ya que eso no favorecerá que se sientan libres de expresarse emocionalmente tal y como se encuentran en ese instante. Además, colocarse en esta posición entraña el peligro de que tus peques se conviertan en cuidadores, cuando lo que les corresponde es sentirse cuidados y atendidos. En ese caso estarían asumiendo el peso de una responsabilidad que ni es suya ni les hace bien.

Para poder dar salida a lo que sientan en el momento de la despedida, te propongo que esta no sea excesivamente rápida, sino que permita algunas palabras de consuelo más allá de un simple adiós. Transitar las emociones es sanador y muy importante para favorecer una óptima adaptación a los cambios, como los que suponen pasar de ser una familia con un hogar a una familia con dos hogares.

El papel de quien se queda es el de acompañar y consolar en caso necesario, permitiendo a sus criaturas expresar libremente sus emociones. Les resulta más fácil si saben dónde estará quien se va de casa; visualizar el lugar les aporta cierta tranquilidad. Por ello, si previamente se ha podido preparar el momento, no tiene por qué ser desagradable; en realidad, pueden llegar a vivirlo con naturalidad. Va a depender mucho de las circunstancias vividas hasta el momento, de la edad y de cómo haya sido el proceso de la separación hasta entonces.

Por ello te animo a que no te crees expectativas acerca del momento, pues cuando se ha cuidado y tenido en cuenta a las criaturas durante el proceso, es habitual que lo vivan con total naturalidad: ábrete y déjate sorprender por lo que venga.

Con los cambios en el día a día y la añoranza que sienten al no convivir con ambos van tomando consciencia de lo que supone la decisión de que ya no seáis pareja.

Por eso saber cuándo estarán con papá y cuándo con mamá les aporta tranquilidad y seguridad. Al principio les puede parecer un poco lioso, es normal, por eso es importante que les respondas tantas veces como pregunten. Cuanto más pequeños sean, más veces preguntarán, pues es una de las formas que tienen de integrar la información: escucharla una y otra vez de forma repetida.

Ahora bien, para ponérselo y ponértelo fácil, te recomiendo que hagas algún tipo de calendario que los ayude a visualizar la información. Colócalo en algún lugar visible de la casa, para que así puedan acudir a él tantas veces como lo necesiten.

Te explico dos tipos de calendario que podéis hacer como actividad que les servirá tanto para integrar la información y adquirir seguridad ante la nueva situación de tener dos viviendas, como de ritual de paso.

Calendario mensual

Podéis hacer un calendario casero con pinzas de la ropa, pues, además de ser muy visual, es una manualidad que podéis elaborar conjuntamente.

Necesitas tantas pinzas de la ropa como días tiene el año, doce pinturas (una por mes) y un cordel en el que ir enganchando cada pinza que esté pintada.

Las pinzas se pintan solo por un lado porque la idea es que según va pasando cada día, se le dé la vuelta a esta. Así se ve a simple vista qué día es, pues los días ya vividos (pasado) muestran la cara marrón de la pinza, y los que están por vivir (futuro) la cara de su color.

Una vez pintadas y colgadas todas las pinzas se señalan los días especiales, como cumpleaños, vacaciones o los días que se pasan con papá o mamá poniendo en las pinzas (días) correspondientes algo que lo señale, como una foto del cumpleañero, el dibujo de un árbol de Navidad... Así tienen la imagen visual de los días que quedan para estar con el otro progenitor.

Los días que están con mamá pueden aparecer con la pegatina de una estrella, y con papá con la pegatina de un círculo (pegatina mejor que algo pintado, para que el calendario te sirva de un año para otro).

Calendario semanal

Es más sencillo e igualmente válido. Se hace con un folio o una cartulina y con rotuladores o lápices. Con el folio dispuesto en horizontal se dibujan seis líneas para que queden siete huecos. En cada día, según la edad con palabras o dibujos, se señalan las actividades cotidianas; por ejemplo, de lunes a viernes, el dibujo de una escuela por la mañana, la comida al mediodía y las rutinas habituales de cada día de la semana (si las hay).

A continuación, que tus peques elijan un color para mamá y otro para papá, de esta forma se pinta la columna de los días con mamá en su color correspondiente y lo mismo con los días correspondientes a papá, pudiendo identificar así de manera visual y fácil quién los cuida cada día.

Puede haber días que pasen con los dos (una parte con cada uno): en ese caso se señala con los colores que corresponda; en una misma columna pueden aparecer ambos colores, según el momento del día.

Se puede hacer un solo calendario semanal o dos para señalar los dos tipos de semana que existen en su vida, pues en los casos en los que pasan la semana completa con uno y después con el otro puede ser más fácil que tengan visible ambos tipos de semana.

Conoces mejor que nadie a tus peques y vuestras circunstancias, por lo que nadie mejor que tú para valorar cuál es la mejor opción en vuestra casa. O tal vez quieras hacer los dos calendarios. Se trata de crear una herramienta adaptada a sus edades para proporcionarles la información de su día a día en relación con sus cuidadores.

En un momento en el que la estructura familiar, tal y como la conocían hasta entonces, cambia drásticamente, es normal que surjan miedos e inseguridades. Por ello te traigo estas herramientas, para que los ayudes a tener la información clara y así les des seguridad y confianza, que es lo que necesitan en todo momento para su desarrollo.

Es importante que sientan que existe orden y estructura en su nuevo molde familiar. Dicho orden no tiene por qué ser rígido, la relación puede permitiros, si no desde el principio sí más adelante, flexibilizar. Eso será bueno y algo que ganarán tus peques. Pero todo dentro de un orden, pues es la estructura definida la que les proporciona el marco de referencia en su día a día.

Ritos de paso

Los rituales son símbolos que marcan un acontecimiento y ayudan a hacer el tránsito de una etapa a otra, especialmente a los niños y las niñas, que entienden mejor el lenguaje simbólico que el verbal, sobre todo en la primera y segunda infancia. Aunque, bueno, en realidad es algo que nos viene bien a todos, tengamos la edad que tengamos. Por ello te propongo que hagas un rito de paso para transitar el cambio de estructura familiar que estáis viviendo; eso os ayudará a cerrar una etapa y abrir la que se inicia, ya que tanto los rituales como el lenguaje simbólico se guardan directamente en el inconsciente y hacen más fácil integrar la información.

En el caso de los adolescentes suelen mostrarse más participativos si propones un ritual que pueda guardar relación con sus intereses. Si les gustan los trabajos manuales, haced algo relacionado con esto; si son más de naturaleza, plantéate la posibilidad de hacer algo en el campo, playa o bosque que tengáis más cerca.

El rito lo puedes hacer tú sola con tus hijos o, si vuestra relación lo permite, hacerlo de forma conjunta con su padre. Puede ser de invención propia; si en su creación participan tus peques, será incluso mejor. La cuestión es hacer algo que simbolice el agradecimiento y la despedida de lo vivido hasta el momento y la bienvenida a la nueva etapa.

La idea de los calendarios como ritual es que, mientras los hacéis, les vayas explicando, puedan ir preguntando, podáis ir agradeciendo la etapa que cerráis, comentando las nuevas aventuras y oportunidades que la etapa nueva puede traer... De esta forma, al estar activos ambos hemisferios, la información se integra con más facilidad.

Te ofrezco otras posibilidades que te pueden servir de inspiración para que en vuestra familia creéis vuestro propio ritual:

- Prepara dos cartulinas grandes y materiales con los que pintar. En la primera cartulina dibujad o escribid momentos vividos hasta ahora y que agradecéis. Según vais dibujando y/o escribiendo, id comentando desde el agradecimiento aquello que vais plasmando. Una vez terminado ese mural, coged la otra cartulina del mismo tamaño y le dibujáis un marco, nada más, y ahí iréis dejando, como en la anterior, las aventuras de la nueva etapa que vais agradeciendo.
- Al terminar colgáis ambas cartulinas en la pared, la primera queda debajo y la segunda encima para po-

der plasmar en ella las nuevas aventuras. Las podéis colgar en la vivienda habitual de vuestros hijos, o en ambas casas para que dupliquéis el ritual. Esto depende de la situación de cada familia.

- Otra opción es hacer lo mismo en folios en lugar de en cartulinas; al terminar, el folio donde queda plasmado el agradecimiento por lo vivido se dobla tantas veces como se pueda para que quede pequeño y encima, envolviéndolo, se dobla el segundo. Entonces enterráis los folios en una maceta con tierra y una planta, desde la consciencia de que la tierra todo lo transforma, y vais regando y cuidando la planta como símbolo del cuidado que ponéis a vuestra familia.
- Mi recomendación en este caso es que la planta sea una más o menos fuerte, como un poto o una suculenta, para favorecer que siga viva y evitar dramas. Es más, si ya tenéis una en casa que os valga, podéis cortar un esqueje de ella y hacerlo partiendo de este; de esta manera es aún más visible la idea de que vuestra familia no se está rompiendo, sino transformando.
- Una opción que suele gustar mucho a los adolescentes es coger dos tarros de cristal, folios y bolígrafos. Cada persona corta su folio en muchos trozos y en cada papelito escribe un agradecimiento que dobla y guarda en uno de los tarros. Entonces, os sentáis en círculo con los dos tarros en el centro, uno vacío y otro que vais llenando con vuestros papeles hasta que la última persona termine. En ese momento agitáis el tarro y uno a uno vais sacando papelitos aleatoriamente y leyendo en voz alta el agradecimiento anónimo. Cuando termináis, quien quiera puede expresar su agradecimiento final en voz alta y entonces cerráis y selláis el tarro con vuestros agradecimientos.

- A continuación, decidís el lugar de vuestra casa donde van a quedar ambos tarros. El que está vacío debe quedar abierto y debe haber papel y boli cerca para ir incluyendo en él los agradecimientos que vayan surgiendo en el día a día de vuestra convivencia. Para ello, al principio es bueno que lideres esos momentos, por ejemplo al terminar el día o en algún momento del fin de semana.

Hay muchas posibilidades de rituales, solo necesitas una pizca de creatividad; no es necesario buscar algo extravagante, recuerda: menos es más. Lo importante no es lo que hagáis, sino el sentido de lo que vais a hacer, y este se lo dais vosotros, es ahí donde está el valor. Se trata de un momento para agradecer la etapa que habéis vivido y cerráis, y la que se abre con nuevas oportunidades y aventuras que os quedan por vivir.

Si vuestra relación como madre y padre lo permite, sería ideal que el ritual lo hicierais conjuntamente. Para tus criaturas esto puede ser muy reparador, pues podrán sentir la tranquilidad de saber que mamá y papá formáis ese equipo que necesitan que sigáis siendo. Y es que podéis dejar de ser pareja, pero siempre seréis su madre y su padre. Pero si no es posible no fuerces la situación, la realidad de cada familia es la que es y está bien, céntrate en lo que está en tu mano y dejar ir lo demás.

Fase 4. La separación ya es un hecho, recomendaciones para los primeros encuentros

Una vez que las dos viviendas ya se han establecido y comienzan a irse con papá o mamá, puede no resultar fácil hasta que se adapten. Y es que despedirse de mamá para irse con papá, y viceversa, supone muchas veces un momento desagradable. La culpa en los hijos suele aparecer por la puerta grande: por un lado, sienten alegría por ver a quien llevan días sin ver, pero, por el otro, tristeza de tener que despedirse de quien se despiden.

Tened en cuenta que este conflicto de emociones deriva muchas veces en culpa, especialmente en los primeros encuentros; es importante para poder ayudarlos y poner palabras a lo que tal vez estén sintiendo.

Para que esto sea posible, para poder tranquilizar a tus peques en este momento, es imprescindible que te coloques en el rol de madre y no entres, desde el miedo, en competiciones sobre a quién quieren más tus criaturas. Puede llegar a ser muy tentador pensar que quieren más a aquel por quien lloran, y esto no es así: es un pensamiento que nace desde el niño o la niña interior de quien lo piensa. Por eso es importante tratar de ver y entender el comportamiento de tus hijos desde la persona adulta que eres.

Es a partir de estos primeros encuentros cuando los menores comienzan a asimilar lo que supone la separación o el divorcio de sus figuras parentales: renunciar a estar con los dos al mismo tiempo. Por lo tanto, que lloren cuando se van a ir con su padre no tiene por qué significar que no quieren ir con él, sino que el despedirse de mamá les resulta muy difícil y están mostrando una resistencia a la situación que les toca vivir. Durante ese tiempo es muy importante brindarles mucha atención y permitir que digan lo que necesitan.

Escuchar lo que expresan, su dolor, no es fácil, por eso es importante en esta situación que tú como madre tengas, si no el duelo superado, la situación de la separación aceptada. Así te resultará más fácil escucharlos desde tu centro y no desde tus heridas, porque desde ese lugar eres otra niña, y no es eso lo mejor para tus criaturas.

Con esto no quiero decirte que tapes todo el dolor o emociones encontradas que tú estés viviendo y hagas como si nada; en absoluto, eso es mucho peor y hace que el dolor, lejos de desaparecer, se perpetúe en el tiempo. Pero tú tienes más recursos, puedes sostenerte en familiares, amistades o profesionales para así poder hacer de sostén para tus peques, pues su recurso eres tú.

A partir de este momento, algo que suele preocupar mucho a las figuras parentales es el hecho de que anden de una casa para la otra y que eso les pueda perjudicar de alguna manera.

No tiene por qué ser algo que reste, puede incluso sumar y llegar a vivirse como algo divertido, depende de varios factores. Sé que te puede resultar extraño esto porque lo piensas desde tu prisma, desde la mochila que tú tienes de tu experiencia vital, tus creencias y los juicios que hay en torno a esa situación.

Hay cuestiones y detalles que se pueden tener en cuenta para hacer de esta situación algo liviano que no entorpezca sus vidas. Para empezar, ten en cuenta las necesidades emocionales, si estas están cubiertas, lo que tiene que ver con la logística merma mucho su importancia.

Además, hay detalles que puedes cuidar como nombrar ambas viviendas como propias, es decir, hablar de *su casa de mamá* y *su casa de papá*, en lugar de *la casa de mamá* o *la casa de papá*, pues esto ayudará a que sientan ambas como su hogar e integren la idea de que sois una familia con dos hogares.

También los ayuda tener lo básico en ambas casas, pues de esta forma se evita tener que ir con la maleta de un lado para otro, algo que podría restar sensación de arraigo. En la mayoría de los casos no van a poder tener lo mismo en ambos hogares, entre otras cosas porque el poder adquisitivo entre vosotros puede variar mucho, pero sí lo mínimo que les permita sentirse a gusto.

Hacerte corresponsable de los *objetos boomerang*, aquellas cosas que van de una casa a la otra, se lo pone también más fácil. Claro que es importante educar en la autonomía y la responsabilidad, pero vivir en dos casas requiere un plus de memoria y responsabilidad que, según la edad, pueden no llegar a abarcar, por ello sería bueno que, si traen de casa de papá un juguete o sudadera especial, cuando regresen les recuerdes lo que traían por si lo están dejando en su casa de mamá por elección propia o si se trata más bien de un despiste. En ese momento te animo a que cuides el tono y que no sea de reproche, sino más bien de complicidad.

Es fácil que, según van creciendo y teniendo cosas personales de valor para ellos, se planteen dónde tenerlas, si en su casa de mamá o en su casa de papá, y esta dicotomía les genere conflicto. Para evitar que cada decisión de estas se convierta en un motivo de sufrimiento, hazles saber, con tus palabras, pero sobre todo con tu actitud, que lo que decidan no solo está bien, sino que los apoyas en sus preferencias de cada momento, pues elijan lo que elijan te siguen amando a ti y su padre de la misma manera. Por eso educar en el respeto al ser y no desde el hacer, es decir, desde la crianza consciente en lugar de la tradicional cobra aún más sentido e importancia en familias como la tuya y la mía.

Si piensas que vivir en dos hogares es un lastre terrible, los estarás cargando con tu mochila, cuando realmente no sabes cómo van a vivirlo. Te propongo que abras tu mente a otras posibilidades; si entiendes las dificultades que puede entrañar les facilitarás la logística. Pero no porque pueda ser perjudicial, sino porque, como se trata de un cambio en sus vidas, requiere de un periodo de adaptación que puedes cuidar para favorecer su integración.

En este sentido suele ayudarlos tener algún objeto de transición, como puede ser un pañuelo tuyo. Dáselo para que puedan olerlo y recordar que van a volver a verte, que será el momento en el que te lo devolverán. Cuando son muy peques los ayuda especialmente, porque al vivir tan en el presente puede venirles la angustia por la separación, pues no tienen la certeza de que volverán a verte. Este objeto les recuerda que sí, que te verán y que entonces te lo devolverán.

Algo que a algunos de nuestros niños les parecía divertido era besarles la mano y dejarles marcado el carmín de nuestros labios.

Casa nido

Ante la separación de las figuras parentales es habitual que los hijos y las hijas cuenten con dos hogares; sin embargo, cada vez es más habitual una opción que no siempre es la mejor: casa nido.

En estos casos, los menores se quedan en la que hasta el momento ha sido la vivienda familiar; son los adultos quienes salen y entran según les corresponda los tiempos de cuidado.

Esto es posible y recomendable cuando la relación de quien ha sido pareja hasta el momento lo permite; de lo contrario, puede ser una agonía para toda la familia.

Si te planteas la opción de casa nido, te propongo que establezcáis por escrito acuerdos que ambos firméis. No es necesario darle un cariz formal ante notario, pero sí que quede registrado para facilitar el entendimiento y que ambos tengáis bien claro vuestro marco de responsabilidad en vuestro nuevo molde familiar.

Por ejemplo, si se trata de una custodia compartida de semanas alternas y los intercambios son los viernes, se puede establecer que el viernes por la mañana la casa quede completamente limpia y con las toallas y sábanas cambiadas, ya sea porque la limpia quien ha estado en ella o porque se paga a una persona para que lo haga; así se evitan discusiones acerca de que «no estaba tan limpia como yo te la dejé».

En estos casos, las cuestiones susceptibles de conflicto suelen guardar relación con el orden, la limpieza, la compra de alimentos y las normas en casa con los peques. En la medida en la que se establezcan los acuerdos previos se evitarán posibles batallas que, en un momento sensible como es la adaptación al nuevo molde familiar, lejos de sumar, restan.

Rosa y Abel querían llevar a cabo una separación modelo y se centraron más en tratar de cumplir su ideal antes que en escucharse a sí mismos y decidir en función de su sentir real.

Esto los llevó a optar por la opción de casa nido, lo que los condujo a un desgaste de la relación entre ellos muy perjudicial para todos, especialmente para los niños.

Querían ser amigos sin haber vivido el duelo. Ella seguía ejerciendo de cuidadora de él y se sentía responsable de su bienestar, mientras él se dejaba cuidar por ella y se lo reprochaba cuando sentía que dejaba de hacerlo.

Esto les supuso conflictos acerca de cuestiones del hogar. No habían consensuado antes el marco de límites en el que se moverían y fluctuaban entre lo que sentían realmente y lo que se decían a sí mismos que tendrían que hacer y cómo tendría que ser su situación.

En cuestiones de crianza y educación, ella había llevado el peso y quería que todo se siguiera haciendo igual; sin embargo, él comenzaba a ejercer su responsabilidad paternal y no estaba de acuerdo en que no se pudieran comer el yogur después de la cena, por ejemplo, sentados en el sofá mientras veían algo en la pantalla.

Ambos sentían que estaban en su casa y que cada uno podía hacer lo que quisiera.

> Se fueron generando conflictos que subieron de tono y terminaron optando por ser una familia con dos hogares, cuando la relación estaba muy tensa y desgastada, cuando llegar a acuerdos teniendo las necesidades de los hijos como prioridad fue realmente difícil.

Al contarte parte de la historia de Rosa y Abel quiero animarte a que, en caso de que te plantees esta posibilidad, lo hagas atendiendo a vuestra situación y veas si realmente es o no una posibilidad sana.

Lo importante no es tanto la forma por la que optéis, sino el desde dónde tomas la decisión.

La opción de casa nido puede ser más viable por un tiempo limitado y se convierte así en una medida de transición en el proceso de adaptación. Además, es habitual que esta deje de ser factible cuando se inician nuevas relaciones de pareja.

Ejercicios

En esta ocasión te propongo tres ejercicios para ayudarte a aclarar algunos conceptos más abstractos tratados en este capítulo y que son especialmente importantes.

Dolor o sufrimiento

A lo largo del capítulo hemos abordado que el dolor es inherente a la vida, como lo es la alegría. Sin embargo, puedes evitar el sufrimiento, o al menos reducirlo. Es fundamental que, antes de poder acompañar a tus peques en este camino de identificación, comiences por identificar si lo que tú sientes es dolor o sufrimiento. Recuerda que el sufrimiento es una elección porque parte de juzgar lo que sientes y lo que estás viviendo; es decir, te resistes y sufres en lugar de aceptar.

Por eso en este cuadro puedes revisar la diferencia y lograr identificar si lo que sientes es dolor o sufrimiento; saberlo te puede ayudar a dejar de resistirte al dolor; si identificas que es sufrimiento, la toma de consciencia te permitirá saber que estás en el juicio (mente) en lugar de en el sentir (corazón).

Lo que sientes	Dolor	Sufrimiento
Es natural	x	
Es creado		x
Es temporal	x	
Es duradero		x
Lo sientes en la cabeza		x
Lo sientes en el corazón	x	
Tiene que ver con lo que piensas		x
Tiene que ver con lo que sientes	x	
Es interno, depende de mí	x	
Es externo, depende de algo o alguien externo		x

Delimitar la culpa[1]

Para ayudarte a dilucidar el tipo de culpa que sientes, te propongo que:

1. Anotes aquello por lo que te sientes culpable.

«Me siento culpable por...»

2. Pregúntate según los valores de quién te estás juzgando.

- Si piensas que estás aplicando tus valores, ¿estás segura de que son tus valores?
- Si nadie en el mundo se enterara, ¿te seguirías sin-

---

1. Adaptado de Elsa Punset, *El libro de las pequeñas revoluciones*, Ediciones Destino, Barcelona, 2016.

tiendo culpable? ¿O te sientes culpable por lo que piensen o juzguen los demás?
- Si descubres que te sientes culpable por los demás, da por terminado el ejercicio, ya has aprendido lo que necesitas.
- Si aun así te sigues sintiendo culpable, pregúntate:
  - ¿Cuáles fueron las circunstancias?
  - ¿Qué intentabas hacer?
  - ¿Cómo intentabas protegerte?

Sentirte culpable no cambia nada. La culpa siempre viene a darte una información, por lo que puede ser útil si escuchas el mensaje que tiene para ti. Si se trata de culpa en minúsculas, date mucho amor y sé compasiva contigo; si es con mayúsculas, pasa a la acción. Un posible plan sería:

1. Admite que te has equivocado; mejor si lo haces desde la comprensión y la compasión que desde la exigencia y el castigo.
2. Para ello comprende las circunstancias en las que cometiste ese error, y piensa en cómo podrías reemplazar ahora aquel comportamiento por otro más coherente contigo.
3. Habla con la persona a la que has hecho daño y haz lo que esté en tu mano para aliviar los efectos del dolor que has podido causar (que te perdone o no, que te entienda o no, no está en tu mano).
4. Aprende de tu error y comprométete a no volver a cometerlo.

En cualquier caso, perdónate. Los errores son humanos y son nuestra forma de aprender.

Sanar tu niña interior

Como habrás podido comprobar, al menos desde la lectura de este capítulo, son muchas las veces que nuestro niño o niña interior sale a reivindicar la herida no sanada, y habitualmente lo hace en el momento menos oportuno, con la persona menos indicada y de la forma más desproporcionada. Se trata de *reacciones repetitivas desproporcionadas* (RRD).

¿Te has encontrado con que tu hijo o tu hija deja esa prenda una vez más fuera del cajón y empiezas a gritarle desaforadamente? ¿Te has descubierto defendiendo a voces tu punto de vista sobre una trivialidad con un compañero de trabajo? O, simplemente, ¿has terminado llorando después de una discusión por una cuestión que analizada con distancia en realidad te parece una estupidez? Todas estas son reacciones repetitivas desproporcionadas.

Vienen a ser el recuerdo de que tenemos una herida por sanar y, aunque incómodas, son dignas de agradecimiento, pues nos llaman la atención para hacer algo que nos ponga en el camino de la paz interior. Por eso te propongo un bonito ejercicio que te ayudará.

1. Durante al menos veintiún días, busca un sitio tranquilo y un momento en el que nadie te vaya a molestar y haz una visualización que te acerque a tu niña interior, a la niña que fuiste y que sigue viva dentro de ti. Rocío y yo hemos preparado una para ayudarte en este sentido; si la quieres, está disponible para ti. Te la puedes descargar a través del siguiente código QR o acceder a ella a través de https://creada.es/ejercicios. De esta forma te resultará más sencillo tener presente a tu niña para así observarte y detectar con más facilidad cuándo toma el control de tus pensamientos o acciones y a partir de ahí poder automaternarte.

2. Cuando reaccionas de manera desproporcionada (recuerda, RRD) párate, siente tu cuerpo y pregúntate a qué sensación o recuerdo de tu infancia te conecta el momento vivido. Haz un registro en el que:

- Identifiques las sensaciones corporales.
- Los recuerdos y sensaciones que te han venido.
- Qué necesidad o necesidades hay tras todo esto.

3. Valida tanto las emociones como las necesidades que sintió tu niña y que no fueron atendidas y que tú ahora sí puedes atender.
4. Cuida de tu niña interior, para ello:

- Acéptala tal y como es y lo que necesitó. No la juzgues. Como adulta puedes comprender a tus padres, pero ¿quién comprende a esa niña que no recibió lo que necesitó? Es momento de que tú le des la atención y empatía que requiere.
- Escucha lo que actualmente sigue necesitando y compréndela.
- Permítete sentir lo que sientas, ya sea rabia, furia, miedo, enfado, odio, tristeza, pena...
- Hazle saber que ya no está sola, que ahora tú la ves y la entiendes y te comprometes a darle lo que necesita.

Los 3 stops

Para ayudarte a ir ganando consciencia de todas las veces que sale tu niña interior a lo largo del día, te propongo que hagas un registro diario.

- Comienza poniendo una alarma en tu teléfono móvil en tres momentos del día; por ejemplo, a media mañana, después de comer y antes de dormir.
- Cada vez que suene la alarma, anota en un cuaderno seleccionado especialmente (o en el bloc de notas del mismo móvil aunque esta opción es menos aconsejable) cuándo ha salido hasta ese momento del día tu niña interior, qué ha provocado que salga y cómo te has sentido.
- Cuando lleves una semana con el registro, léelo y observa con perspectiva; puede que veas que hay algún patrón que se repite, y ello puede darte información muy útil acerca de ti y tus heridas o necesidades. A partir de ahí puede resultarte más sencillo vivir desde la adulta y ser tú quien tome el control en esas situaciones.

Un aviso importante. No siempre vas a conseguir actuar como la adulta que eres, pero, poco a poco, con práctica y constancia, serán muchas más las ocasiones en las que salga la adulta y no la niña.

4

EL CONFLICTO DE LEALTADES

El conflicto de lealtades puede generar un dolor que, fácilmente, lleve a los más peques al sentimiento de culpa, lo cual puede provocar, a su vez, mucho sufrimiento. Se da ante la creencia de que deben elegir entre mamá y papá, o que si quieren a una de las partes están traicionando a la otra.

Necesitan sentir la libertad de amar, de poder quererte muchísimo a ti y a su padre sin que eso suponga una posible traición.

En el fuero interno de tus peques, tú y tu ex ocupáis un mismo lugar, un espacio sagrado en sus vidas. Por eso es importante que sientan que tú no mancillas ese espacio. Sí, puede que la otra parte sí manche el tuyo, pero, como te decía en el capítulo anterior, tú solo puedes ocuparte de lo que está de piel para dentro, todo lo demás escapa a tu control. Al menos te tienen a ti.

Su mayor dolor: elegir entre mamá y papá

Para tus peques sois su dios y su diosa, sois lo más importante en sus vidas y necesitan sentir que, aunque dejéis de ser pareja, ambos los seguís queriendo y pueden quereros a los dos sin necesidad de elegir.

Suena tan evidente que nunca les expresarías verbalmente que tienen que elegir; puede que sí lo hagas de una forma muy sutil, pues se transmite a través de algunas conductas y de tus propias sensaciones. Se trata de que al menos tú cuides el hecho de no caer en esto y les transmitas que es bueno y normal que os quieran muchísimo a los dos.

Por ejemplo, si estás enfadada con el padre de tus hijos y tus peques lo perciben, pueden sentir que si lo quieren a él te están traicionando a ti. Y lo mismo sucede en el caso contrario. Por eso es importante estar alerta y ser consciente de cómo te relacionas con tu ex y de qué expresas con tus peques delante.

Y si quieres ir más allá, te animo a que, además de lo que se ve, cuides eso que a simple vista no se reconoce, pero que se transmite, pues eso también les llega. Y es que por ese radar de autenticidad tan grande que tienen, aunque les digas que todo está bien, si no es así, lo saben. Probablemente no puedan intelectualizar qué ocurre, pero sí que algo no va tan bien como les quieres hacer creer.

Lo mismo sucede con la relación contigo y su padre: si les dices unas cosas pero sientes otras muy distintas y, además, dañinas, pueden percibir que realmente «no apruebas» a su padre. En caso de que sientan algo así pero no se hable, se vive de forma escondida, como algo tabú, por lo que pueden percibir que deben esconder ese amor por su padre para no dañarte. En ese caso estarán viviendo un conflicto de lealtades.

Evitar hablar mal de su padre delante de ellos es básico; si caes en criticarlo, es posible que te perjudique, pues pueden sentir que lo estás atacando y pensar que él está indefenso, cosa que puede llevarlos a sentir la necesidad de protegerlo y cuidarlo.

De esta forma, no solo estarán viviendo un conflicto de lealtades, sino que se estarán colocando en el lugar de cuidar, algo que no les corresponde. No deben tener ni sentir la responsabilidad de cuidaros a ninguno de los dos, sino de ser cuidados por ambos o, al menos, por ti.

> LOS NIÑOS Y LAS NIÑAS DEBEN SENTIR SOSTÉN Y CUIDADO POR PARTE DE QUIENES ESTAMOS A SU CARGO, NO LES CORRESPONDE CUIDARNOS.

Tal vez te ayude a distinguir entre el rol de hombre y de padre en tu ex; puede que así te sea más fácil honrar el lugar que como padre ocupa en el corazón de tus peques. No se trata de que tenga que gustarte él como hombre, no, sino que puedas honrar el lugar que ocupa para tus criaturas. Más allá de lo que haya pasado en vuestra relación, tiene su lugar en el corazón de tus peques, un sitio que no puede ocupar ninguna otra persona. Es un lugar sagrado en sus vidas.

Lo que está en tu mano para que no sientan conflicto de lealtades es hacerte responsable de dónde pones el foco y ver a tu ex más allá del modo en el que hace o deja de hacer, y más allá de cómo se comporta. Así puedes conseguir que, por tu parte, tus peques no sientan dicho conflicto.

Si sientes que en ti hay algún nudo en relación con vuestra separación, algún tipo de rencor o malestar porque tu herida aún escuece, te animo a que te hagas cargo de ella. No la dejes pasar pensando que el tiempo lo cura todo. Sí, el tiempo es un gran aliado, pero lo que no se atiende no desaparece, se queda, aunque sea escondido, y acaba apareciendo de algún modo y en algún momento, normalmente de forma desproporcionada e inesperada.

Por ello te animo a que transites esa rabia, tristeza, culpa... Sea lo que sea lo que sientes es necesario darle salida para poder honrar ese lugar que ocupa él en la vida de tus hijos. Solo si te haces cargo de ti podrás atender lo que te voy a contar. Y es que, aunque ya no seáis pareja, de alguna forma siempre vais a ser familia, pues compartís las mismas criaturas, y siempre seréis su madre y su padre. Por lo que te aliento a que seas capaz de verlo más allá del rencor, a que puedas reconocerlo como lo que es, su padre.

¿QUÉ PASA CUANDO MI EX NO CUIDA NADA DE TODO ESTO?

Si tu ex se relaciona contigo desde sus heridas, desde su dolor y sufrimiento, probablemente sientas que no te lo está poniendo nada fácil, y seguramente así sea. Pero si sientes que a ti te lo pone difícil, más complicado será para tus peques. ¿Por qué más? Porque tus criaturas no tienen recursos como tú para sobrellevar la situación y pueden sentir entonces con mucha facilidad conflicto de lealtades.

Por eso te animo a que entiendas que tu expareja está en su dolor y lo está haciendo como puede, pero que no va contra ti. No te tomes su comportamiento como algo personal, pues eso que muestra es la superficie, es la respuesta al dolor y sufrimiento que siente dentro de sí.

No te estoy diciendo que pongas la otra mejilla, en absoluto; para cuidar y proteger a tus peques primero debes cuidarte y protegerte, y en este sentido los límites desempeñan un papel importante en estos casos. Ahora bien, no te enganches a su dolor, no entres a pelear con él. Protege a tus peques de ese posible conflicto de lealtades en el caso de que su padre esté actuando de forma negligente o sin tener en cuenta lo necesario para llevar a cabo una separación consciente.

No puedes hacer que su actitud cambie, pero sí puedes acompañar a tus peques en lo que sienten, en lo que les preocupa, para así amortiguar el daño que las acciones de la otra parte pueden estar causándoles. Validarlo y ayudarlos de esta manera es reparador.

Si tú pones el foco en él y él en ti, ¿quién se ocupa de los pequeños? ¿Quién se hace cargo? Por eso te decía que te hagas cargo de ti, que te responsabilices de lo que puedes estar sintiendo, porque así podrás hacerte cargo de quienes son más vulnerables en esta situación.

Necesitan saber que tú estás bien. No les digas que los echas de menos

Otra de las cosas que está en tu mano para evitar que sientan conflicto de lealtades es hacerles saber que tú estás bien. Que sientan que pueden irse con su padre y que tú te quedas bien, que eres capaz de ocuparte de ti misma. Como niños y niñas que son, su mayor ocupación en la vida es disfrutar y amar, amar con libertad.

Te invito a que les transmitas y les hagas saber, tanto verbalmente como a través de la energía que reciben de tu parte, que está bien y es bueno que disfruten y de que te alegras de que así sea.

Puede sucederles que cuando están con uno de los dos y están disfrutando mucho, al acordarse de quien no está presente, sientan culpa por no haberse acordado de quien no está en ese momento. Y es que si piensan que tú estás sola, o que no estás bien porque cuando no están contigo los echas de menos, pueden pensar o sentir que te están fallando.

De hecho, una premisa que puedes tener en cuenta es no decirles «te echo de menos» o «te he echado de menos». Es fácil que con esta expresión reciban una carga de responsabilidad que no les corresponde, la de que tú estés bien y no sientas la añoranza que supone echarlos de menos. Puedes expresar tu alegría por verlos o tus ganas de verlos sin ese peso. Se trata de algo muy sutil pero importante.

Y es que necesitan sentirse libres para amar y disfrutar, pero también saber que tú estás bien. Si cuando están con su padre les dices que los echas de menos, lo más probable es que interpreten que no estás bien cuando están lejos de ti. Eso se traduce en su interior en culpa y puede que también en conflicto de lealtades.

Si entienden que, sin su presencia, tú te quedas mal, se sentirán culpables al estar disfrutando y pasándoselo bien cuando tú no estás presente. De ser así se estarán haciendo responsables de tu bienestar.

Los niños y las niñas deben sentir sostén y cuidado por parte de quienes estamos a su cargo, no les corresponde cuidarnos. Necesitan sentir lo mucho que los amas y, al mismo tiempo, que está bien que quieran a su padre y que es bueno que disfruten, aunque tú no estés.

> SE TRATA DE TRANSMITIRLES QUE ES BUENO
> Y NORMAL QUE OS QUIERAN MUCHÍSIMO
> A LOS DOS.

Mi propuesta es que cuando te despidas a la hora de irse con su padre, lo hagas dejándoles el camino libre para disfrutar, aunque estén sin ti; es decir, no les digas que los echarás de menos. Y cuando habléis por teléfono o cuando vuelvas a verlos, no les digas cuánto los has echado de menos.

En su lugar puedes decirles: «¡Qué bien que hayas disfrutado tanto! Tenía muchas ganas de darte un abrazo», «¡Me encanta verte tan feliz! Tenía muchas ganas de verte». «¡Qué alegría verte! Me encanta abrazarte», «¡Me encanta pasar tiempo contigo!».

A simple vista, la diferencia no es muy grande, se trata de matices sutiles, pero mientras que una afirmación libera y acerca, la otra carga y aprieta a través de la culpa.

Y si hasta ahora les has dicho «te echo de menos» o frases similares, no saques el látigo para fustigarte, todo se puede reparar. Una de las mejores cosas que nos dio a conocer la neurociencia es la neuroplasticidad cerebral: puedes sentarte a hablar con tus peques y hacerles saber eso que ahora quieres que tengan claro: que los quieres mucho y que, aunque se vayan, tú estarás bien.

Además, esa vía libre o no libre, de que amen a su padre y disfruten, no depende solo de frases relacionadas con echar de menos, también cuenta, y mucho, la forma en la que tú lo sientas y vivas en tu interior, pues todo lo que sentimos llega a través de la energía.

Saber que al irse de casa con el otro progenitor tú vas a estar bien los ayuda a sentir paz y tranquilidad a la hora de irse.

¿Y QUÉ PASA CONTIGO?

Además de madre eres mujer y tienes vida más allá de tus peques, es bueno que se den cuenta de ello. Permítete disfrutar cuando no están contigo, no tienes que estar de luto, no eres peor madre por tener vida más allá de tu maternidad, sino todo lo contrario. Aprovecha ese tiempo para nutrirte, conectar contigo, cuidarte y disfrutar de ti y de lo que te gusta hacer. Y es bueno que, siendo verdad o no, les transmitas que estás bien cuando no están contigo.

Eso no significa que debas tener una imagen siempre perfecta y hacer como si nada. La alegría es una de las emociones que existen y de las que más nos gusta sentir, pero no es la única; la educación emocional es fundamental y su base comienza por ti, por darte permiso para sentir. Eres uno de los principales referentes de tus peques, eres su modelo de vida, por lo que, si tú te tragas todo lo que sientes y lo reprimes, aprenderán a hacer lo mismo, a reprimir sus emociones, algo muy perjudicial para la salud tanto física como psíquica. Por eso te digo que es bueno que te permitas expresarte tal y como te sientes, y si estás triste o enfadada, por ejemplo, no lo ocultes; ahora bien, recuerda siempre que tú eres su sostén, que a tus peques no les corresponde cuidarte.

Como adulta que eres, tienes muchos más recursos y puedes acceder a cualquiera de ellos. Tus peques te tienen a ti como uno de los dos recursos fundamentales de su vida, por lo que una cosa es que te muestres tal y como te sientes, y otra bien distinta es que te desbordes o desahogues con ellos. Más adelante te hablaré acerca de lo importante que es transitar las emociones y acompañar a tus peques a hacer lo mismo con las suyas.

Ejercicios

El hilo invisible

Bebiendo del cuento *El hilo invisible*,[1] de Míriam Tirado, te propongo la actividad que inventamos y que a nuestros peques los ayuda mucho en los periodos de vacaciones, que es cuando más tiempo están sin una de sus figuras paternas.

Léeles el cuento *El hilo invisible*, en el que se desvela el secreto del ombligo. Y es que de este salen hilos invisibles que nos conectan a todos nuestros seres queridos. De esta forma, aunque no nos veamos ni nos podamos tocar, siempre estamos unidos y conectados.

Después hazles una o más (como es probable que pidan) pulseras trenzando hilo o lana, de forma sencilla.

Mientras se las haces, cuéntales que estás metiendo en ella los besos, abrazos, caricias, te quiero, etc., para cada día que estarán lejos de ti.

Se trata de introducir simbólicamente en esas pulseras las muestras de cariño habituales que hay entre tus peques y tú.

Así la pulsera se convierte en un objeto de anclaje que

1. Míriam Tirado, *El hilo invisible*, B de Block, Barcelona, 2020.

les recuerda lo que previamente habéis leído en *El hilo invisible*: que siempre siempre estaréis conectados.

Y para evitar dramas en caso de que la pulsera se caiga o se pierda, les puedes informar acerca de que si esta se cae es porque se ha vaciado de tantas muestras de afecto, que ya están en su corazón, y que les harás más.

Círculo de preocupación y círculo de influencia[2]

Para los momentos en que la preocupación por cómo estarán tus peques te supere, te propongo una actividad que puede ayudarte a recordar que no tienes capacidad de influir en todo lo que te preocupa, y de este modo seguir la premisa de «no te preocupes, ocúpate» y aprender a identificar lo que no está en tu mano para soltarlo y dejarlo ir.

Para este ejercicio necesitas papel y boli, dos tacos de pósits de colores distintos y una cartulina grande tipo A2.

Comienza por elaborar una lista de todas las cosas que te preocupan sean del tipo que sean. TODAS. Desde las lavadoras pendientes hasta la paz en el mundo.

Una vez que hayas hecho la lista, escoge un taco de pósits para las preocupaciones sobre las que tienes poder de acción, aquellas de las que realmente te puedes ocupar o en las que puedes influir; en lo que hace referencia a aquellas en las que no tienes poder de acción ni capacidad de influencia, ponlas en los pósits del otro color.

En la cartulina grande traza un círculo grande, y en su interior, otro más pequeño. Distribuye los pósits con las

---

2. Inspirado en Stephen R. Covey, *Los 7 hábitos de la gente altamente efectiva*, Paidós, Madrid, 1990.

preocupaciones: aquellas sobre las que tienes poder de acción e influencia irán a parar al interior del círculo pequeño; el resto, al interior del círculo grande.

De este modo podrás dilucidar y descubrir sobre cuáles de todas tus preocupaciones te puedes ocupar realmente, y así actuar sobre ellas y no invertir más tiempo en las preocupaciones sobre las que no tienes ningún poder de influencia. Se trata de que esas las dejes ir, las sueltes.

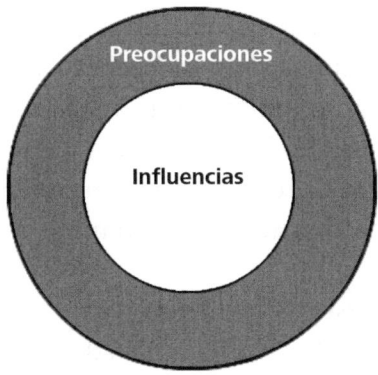

Cosas que puedes hacer para cuidarte

Son muchas las ocasiones durante el proceso de separación o divorcio en las que tendrás que recordarte que necesitas cuidarte. Aunque ya hicimos referencia en el capítulo 2 a tal necesidad, en esta ocasión lo traigo a colación en los casos en que tú estés cuidando del sostén emocional de tus peques y tu ex no lo esté haciendo. Y aunque este no sea el caso, nunca vienen mal tales recomendaciones, que te sugiero que sigas de manera secuenciada, de dos en dos. Así, progresivamente, irás incorporando más sin abandonar las anteriores. De esta manera no te saturarás.

1. Comienza un diario. En él puedes escribir cómo te sientes sin tapujos, ya que es solo para ti, no lo tiene que leer nadie. Así, cada vez que sientas que tienes que sacar algo, lo puedes hacer sin sentir el juicio o la censura.
2. Haz un poco de ejercicio. Es muy importante cuidar el cuerpo; moverlo y hacer ejercicio moderado con actividades como practicar yoga, bailar o dar un paseo pueden ser un bálsamo estupendo.
3. Mira al cielo. Eso te ayudará a conectar con la infinitud y a ver más allá de donde te encuentres.
4. Baila y escucha música. Puedes aprovechar para cantar a pleno pulmón; eso te ayudará a sacar la energía de la rabia o la ira.
5. A lo largo del día, busca un momento para respirar profundamente. Así te detendrás y conectarás contigo.
6. Busca personas que te apoyen en los momentos difíciles. Puede ser una amistad o un familiar que no juzgue o alguien profesional.
7. Tu cuerpo es un templo. Cuídalo comiendo alimentos saludables y nutritivos, evita todo lo que no se corresponda con estas características.
8. Cuida de tus sentidos. Pon mucha atención en crear espacios en los que puedas cuidar lo que hueles, lo que oyes, lo que ves y lo que sientes.
9. Cuida tu espacio. Asegúrate de no tener a la vista nada que te traiga recuerdos indeseados. Guarda o deshazte de viejas cartas o fotos o cualquier objeto o efecto personal que te resulte doloroso. Aprovecha para cambiar los muebles de sitio o experimentar otros cambios que sientas que te harán bien.
10. Comparte tiempo con otras personas. Si sientes que necesitas socializar, apúntate a actividades que vibren

contigo y alimenten tu conexión interior; allí es fácil que encuentres personas que están en sintonía contigo.
11. Cada noche, antes de dormir, agradece al menos tres cosas que te hayan pasado en el día. Eso te enfocará en el optimismo y la confianza. No hace falta que sean grandes cosas, puede ser desde el sol del que has disfrutado a un comentario que has recibido.
12. Aprende algo nuevo que te divierta. Pueden ser clases de teatro o tocar un instrumento siguiendo tutoriales por internet. Lo importante es que salgas de tu zona de confort y de la monotonía.
13. Medita. La ciencia ha demostrado que el *mindfulness* puede ayudar a serenar los pensamientos desagradables.

5

LOS LÍMITES

Es habitual que, cuando se decide que es hora de asumir la separación, aparezca también en ti la culpa al pensar que el dolor de tus peques es responsabilidad tuya o vuestra, o que el hecho de que su familia no responda al estándar es por tu culpa... Hay mil motivos que el ego se crea para que te sientas así. La culpa atrapa, inmoviliza, perpetúa la sensación de víctima y con ella se pierde la perspectiva, por eso yo prefiero apelar a la responsabilidad. La culpa nos ancla en un lugar oscuro, mientras que la responsabilidad es la respuesta que nos lleva a la acción.

La culpa te puede hacer perder perspectiva al acompañar a tus peques en su día a día, especialmente a la hora de poner los límites. Frecuentemente, las madres a las que acompaño temen ponerlos «porque encima de lo que están viviendo, no me voy a poner muy estricta». En ocasiones es esa culpa la que no te deja poner los límites; otras es el miedo a que te quieran menos o a que te dejen de querer; otras muchas es temor a cómo reaccionarán.

Debes saber que lo sano y lo que puedes esperar es que los menores protesten ante un límite, como cuando de pequeños tienen que ponerse el cinturón en el coche o ya más mayores deben regresar a casa a determinada hora. No obstante, su protesta no debe disuadirte de cuidarlos, pues los límites cuidan y protegen, son el primer acto de amor y resultan necesarios para su sano desarrollo. Lo que sucede es que si tú estás en un momento vulnerable, como en el proceso de separación, es fácil que te cueste más hacer frente a esa queja, rabia o cualquier desacuerdo que manifiesten.

Si aceptas que los límites no les van a gustar, te será más fácil ponerlos o recordárselos cuando se los salten. Recuerda que dichos límites salvaguardan la integridad física, psíquica y/o emocional de tus hijos, ofrecen orden y estructura y, además, los necesitan para sentirse queridos, apoyados e importantes.

Creo que, si tienes esto en cuenta, te será más fácil mantener los límites: no solo tus peques no te querrán menos, sino que verás que es importante para ellos que lo hagas. Que se enfaden o protesten no quiere decir que te quieran menos, en absoluto. Las personas adultas tenemos la fantasía de que acepten los límites sin rechistar, pero eso no es sano.

Los límites establecen el marco en el que se pueden mover, les dan estructura, de ahí que les proporcionen seguridad, protección y, por ende, confianza. La falta de límites, lejos de ayudarlos, los perjudica, pues a la sensación de inseguridad que provoca en muchas ocasiones el cambio de estructura familiar se le suma la falta de ese marco vital, e incluso les puede hacer sentir que no son importantes.

Para que la información del límite pueda llegarles, es clave que revises cómo se la transmites. ¿Lo haces siendo consciente del bien que les haces o desde la culpa y el miedo a dañarlos? ¿Te sientes segura o insegura? Los niños y las niñas reciben más información de lo que perciben de sus figuras de referencia que de lo que se les dice, por tal motivo es importante que haya coherencia entre lo que estás sintiendo y lo que les estás comunicando. Esto lo puedes trasladar a cualquier otro asunto más allá de los límites.

Por eso te animo a que antes de transmitir los límites te pares a reflexionar sobre ellos y te cuestiones su sentido. Si hay algún cambio, siéntate a contarles en qué consistirá. Los podéis escribir o dibujar y colgar en algún lugar visible de vuestra casa; cuando les expliques o recuerdes algún límite, hazlo con firmeza. Eso no quiere decir que te tengas que enfadar, gritarles o pegarles, en absoluto, pero los límites han de ser consistentes, tener cierta base para que ellos puedan saber que se está ante algo innegociable.

Para lograrlo es importante que te pares a pensar y reflexionar acerca del límite que quieres poner, para hacerlo con firmeza y para ser capaz de sostener su ira, tristeza, su incertidumbre..., lo que expresen en el momento que sea. Y si ves que tienen problemas para respetar los límites, párate, pregúntales cómo se encuentran, cómo llevan los cambios y qué piensan. Cualquier comportamiento fuera de lo normal en tus peques suele indicar que algo en su interior no va bien. Muchas veces, ante la negativa reiterada a los límites suele haber alguna necesidad no cubierta. Saltárselos es su manera de hacerte saber que necesitan tu ayuda para paliar su malestar.

La dificultad de mantener los límites

La primera dificultad que entraña el momento de poner los límites no es el temor a su reacción cuando los expones, sino cómo afrontas tú los límites en tu día a día. Me refiero a los que les pones a los demás y que quieres que respeten.

¿Cuántas veces has dicho que sí cuando querías decir no? Cuando dices que sí queriendo decir no, estás pasando por encima de ti y te estás negando a ti misma. Muchas veces sucede por miedo al rechazo, a que te quieran menos por negarte a algo y porque siendo mujer has recibido una educación basada especialmente en ser cuidadora de los demás, por lo que, si te cuidas a ti, es fácil que te sientas egoísta. Si, además, eres una persona empática, te puede resultar más difícil decir no al entender cómo se puede estar sintiendo la otra persona. Como cuando tu madre, por ejemplo, te pide que vayas a su casa, que tiene muchas ganas de ver a sus nietos, pero a ti no te apetece nada; la quieres mucho, pero tienes muchas cosas que hacer y te vendría bien seguir tu plan de quedarte en casa adelantando tareas. Sin embargo, aunque quisieras decirle que no vas a ir, le dices que sí porque temes cómo se pueda sentir, que se enfade o que nazca un conflicto entre vosotras, por ejemplo.

Tomar consciencia de ello y reflexionar acerca de cómo afrontas los límites como adulta en tu cotidianeidad puede ayudarte a ser coherente contigo misma y a que te resulte menos difícil ponerles límites a tus peques, así como acompañarlos con tranquilidad en su reacción.

> SI ACEPTAS QUE NO LES VA A GUSTAR, TE SERÁ MÁS FÁCIL PONERLOS O RECORDÁRSELOS CUANDO SE LOS SALTEN.

Otra de las dificultades a la hora de ponerlos es el miedo o rechazo al autoritarismo. Déjame que miremos un poco atrás en la historia española para entender mejor este punto, pues en nuestra historia reciente se vivió una dictadura muy larga y represiva. Como consecuencia, muchas veces de forma inconsciente, hubo quienes no se cuestionaron el autoritarismo en el que crecieron y lo han mantenido en sus vidas, creyendo que era la mejor opción o la única. Y, por el contrario, hubo quienes, deseosos de libertad, se posicionaron en el extremo opuesto, no queriendo imponer ningún límite, pensando que esa era la mejor opción.

Sin embargo, yo creo que libertad y límites no están reñidos, sino todo lo contrario; el problema viene cuando nos posicionamos en un extremo de forma inamovible. Se trata más bien de que, teniendo en cuenta la edad, la madurez y las circunstancias, pongas los límites que los cuiden, aquellos que les ofrezcan seguridad al tiempo que autonomía y sensación de ser capaces. Es así como, independientemente de la edad que tengan tus hijos, puedes hacerles sentir importantes y queridos.

La mayoría de la población adulta viene de una infancia en la que ha primado el autoritarismo. Hemos recibido una educación adultocentrista en la que los niños no eran tenidos en cuenta como lo que son, seres amorosos y sabios. Por tal razón, las normas se imponían gustaran o no, y todo era «porque lo digo yo», «porque cuando seas mayor comerás huevos».

Por eso, al querer llevar a cabo una crianza consciente o respetuosa, es fácil caer en el extremo de no poner límites porque quieres respetar su ser. Sin embargo, lejos de ayudarlos, les puede perjudicar, pues el respeto a su ser conlleva también poner los límites que lo cuidan.

A la hora de revisar cómo te sientes poniendo límites, puedes ampliar la mirada y reflexionar también acerca de cómo te sientes cuando los pones a otras personas adultas. Muchas veces resulta más fácil hacer esta reflexión y emprender los cambios necesarios cuando se trata de la crianza de los hijos que cuando se trata de poner o mantener límites a otros adultos de tu entorno.

En esos casos suele entrar en juego el miedo a que te dejen de querer o a no ser tenida en cuenta. Florece en esos momentos tu niña interior. En esos casos, conecta con ella y hazle saber que tú la ves, que a ti te importa, y date tu lugar. Si no te das tu sitio y tu valor, nadie lo hará por ti.

> NEGARTE A TI NO ES COCREAR EN PRO
> DE UNA SEPARACIÓN CONSCIENTE.
> PASAR POR ENCIMA DE TI NUNCA DEBE SER
> UNA OPCIÓN.

En relación con las exparejas, muchas veces existe cierto temor a poner límites por miedo a la reacción del ex y a que su enfado repercuta en los hijos. Te propongo que te atrevas a poner los límites que consideres necesarios para cuidarte. Si la otra persona se enfada, está en su derecho, eso no te hace a ti ser menos válida. Ese enfado no tiene por qué durar toda la vida ni condicionar para siempre vuestra relación.

Por el contrario, la sumisión en la que puedes caer a través del discurso «es por mis hijos» sí que puede condicionar vuestra relación perpetuando una forma donde tú no tienes tu lugar. De hecho, normalmente esa afirmación encierra miedo al conflicto.

Miedo a que, al decir o hacer según qué cosas, la relación con la expareja se deteriore o empeore aún más. Pero evitar un conflicto solo hace que este vaya creciendo en silencio hasta convertirse en un gran monstruo, y a la larga es peor.

Las relaciones están vivas y evolucionan al ritmo al que lo hacen las personas que forman parte de ellas. Por lo que la relación que tengáis hoy no será la que tengáis siempre. En tu mano está decidir qué quieres cocrear en vuestra relación y así ocuparte de tu cincuenta por ciento.

Negarte a ti no es cocrear en pro de una separación consciente. Pasar por encima de ti nunca debe ser una opción. Puedes elegir renunciar por tus peques a algunas cosas, pero cuidándote.

Cuando te escuches diciéndote lo de «es por mis hijos», párate y pregúntate si de verdad es por ellos o si esa afirmación esconde algún miedo.

Noelia es madre de una pequeña de cinco años, se separó del padre cuando esta tenía tres, y él se comportaba más como un adolescente que como un adulto.

Tenían el acuerdo verbal de que la pequeña viviría con la madre hasta que cumpliera los seis años y el padre iría a verla los fines de semana alternos y los martes por la tarde, cuando debía recogerla de la escuela infantil a las tres de la tarde para quedarse con ella hasta las siete.

La realidad era que de forma sistemática Pedro no llegaba a recogerla, sino que media hora antes avisaba a la madre de su retraso para que esta fuera a por la niña, y él aparecía horas más tarde en casa de la madre, donde se quedaba hasta después de cenar. Y otras muchas veces no llegaba ni siquiera tarde, y Noelia se hacía cargo de su hija. La excusa era siempre la misma, el trabajo.

Ella se quejaba continuamente de que él no asumiera su responsabilidad y se hiciera cargo como le correspondía, pues los fines de semana pasaba lo mismo. Le surgían planes para salir a navegar con los amigos o lo que fuera, y entonces la pequeña se quedaba con la madre o con los abuelos paternos, quienes estaban encantados de poder disfrutar de su nieta.

Noelia se enfadaba una y otra vez, pero no hacía nada por cambiar la situación porque en el fondo le daba pena Pedro, según decía unas veces, y otras porque temía que este se enfadara y dejara de ir a visitar a su hija y esta se perdiera a su padre.

La realidad es que, en general, ella tenía dificultades importantes a la hora de poner límites, y con Pedro le ocurría lo mismo. Además, en la relación de pareja había ejercido de madre de él, por lo que le costaba no seguir ejerciendo el mismo papel.

De hecho, es importante ser consciente del rol que cada persona ha ejercido en la relación de pareja, pues este se suele perpetuar después de separados.

Noelia profundizó en qué le impedía sentirse merecedora de poner límites y transitó cada uno de sus miedos al respecto. Así fue como poco a poco fue capaz de poner los límites a Pedro, que resultaron necesarios para que este ejerciera su responsabilidad paternal.

Lo que le pasaba a él, entre otras cosas, era que siempre tenía a su padre, a su madre o a la madre de su hija salvándole de todas y cada una de las situaciones de las que él no se responsabilizaba. Aunque tuviera cuarenta y dos años, su actitud era más bien la de un adolescente, y mientras sus padres y la misma Noelia siguieran cubriéndole las espaldas, él no tendría espacio para crecer y madurar.

Noelia informó a Pedro de que en adelante, cuando los martes no llegara a la escuela infantil, debía buscar a alguien que se hiciera cargo, pues ella no estaría disponible. Le costó mucho dar este paso, pero lo hizo, y el resultado fue que él no se lo creyó, así que la siguió llamando cada martes poco antes de la hora establecida por ambos para avisarla de que no llegaba, hasta que como una y otra vez Noelia le recordaba que ella tampoco podía, a él no le quedaba más remedio que buscar a familiares que le echaran un cable para recoger a su hija de la escuela infantil. Como aquella situación se repitió a lo largo de varias semanas, e incluso meses, él terminó organizándose el trabajo de otra manera (era autónomo) para poder llegar a la hora que le correspondía a recoger a su pequeña, pues Noelia ya no era una opción.

Un año después, Pedro seguía recogiendo a su hija cada martes tal y como le correspondía, y continuaba pasando la tarde completa con ella, los dos a solas. Y es que esta era otra dificultad, cuando la iba a recoger a casa de su madre se quedaba en la casa con Noelia y la pequeña porque no quería quedarse a solas con esta. Como a Noelia le costaba aún ser firme en los límites con Pedro y mantenerlos, se apuntó a natación esas tardes para no sucumbir a los encantos de su ex y quedarse con ellos cuando no era necesario, pues a la hija le encantaba y le encanta estar con su padre. Lo que sucedía es que, al estar la madre presente, él se quedaba en un papel secundario, más bien como tío de su propia hija.

La cuestión no es que las cosas tengan que ser de una determinada manera ni que no pudieran compartir tiempo juntos; actualmente, pasan tiempo los tres en familia, pero desde un lugar sano donde cada cual sabe más o menos cuál es su sitio. Puede que Pedro aún no lo tenga del todo claro, pero al menos Noelia ya es capaz de poner los límites necesarios en cada momento.

Ahora tienen una buena relación que no está exenta de alguna discusión y momentos de tensión, pero donde también caben las risas y las bromas.

En la medida en que Noelia ha sido capaz de ir soltando el rol de madre del padre de su hija y ha dejado que él cree el vínculo que quiera con la pequeña, poniendo los límites necesarios sin temor a la reacción de Pedro, este ha ido asumiendo su responsabilidad paternal. Claro que Noelia preferiría que él hiciera las cosas como a ella le gustan y como cree que es mejor, pero eso ya es harina de otro costal.

Si en algún momento temes poner algún límite, pregúntate: ¿qué es lo peor que puede pasar?

Marta era madre primeriza de una pequeña de dos años cuando el padre de esta dejó la relación sin posibilidad de hacer nada por salvarla, que era lo que ella quería. Ellos tampoco habían firmado acuerdo alguno; tenían uno verbal. Aunque estaban separados y cada uno vivía en una casa, Marta seguía manteniendo una relación de sometimiento y sumisión con el padre de su pequeña, temía mucho que él se enfadara y acabar viendo menos a su hija. Ese era su mayor temor.

En principio el acuerdo que habían establecido respetaba las necesidades de la pequeña y permitía que la menor pasara la mayor parte del tiempo con la madre; de hecho, no pernoctaba con el padre, aunque lo veía con mucha frecuencia, casi diariamente.

El miedo que sentía ante la posibilidad de que él se enfadara y cambiara de opinión la dejaba en una situación de desprotección en la que no se terminaba de desvincular del padre de su hija, por lo que no podía avanzar en la superación del duelo, ni por el fin de la relación de pareja ni por las expectativas que tenía como familia.

Dos años después de la separación seguía enganchada a él. Tuvo que aprender a transitar cada miedo, algo que conllevó que redactaran un convenio regulador que les permitiera tener claro los tiempos de cuidados de la menor; de este modo, Marta dejaría de sentir la presión del miedo que la mantenía en el rol de sometimiento que tanto la dañaba y que impedía, además, que pasara el duelo por la separación.

Él no quería firmar un convenio, por lo que no fue un camino fácil; resultó clave que ella se posicionara con firmeza interiormente y le trasladara a su ex con claridad y sin titubeos la necesidad de avanzar en este sentido. Él también tenía sus miedos; además, la posición que tenía respecto a Marta lo favorecía, por lo que no quería perder su lugar de privilegio.

Para llegar a los acuerdos que quedaron recogidos en el convenio fue necesario que tuvieran muchas conversaciones y algunas discusiones; sin embargo, lo lograron y su relación mejoró notablemente.

Marta aprendió a relacionarse con el padre de su hija desde la igualdad, no desde la inferioridad, como había sucedido hasta entonces.

Aprender a poner límites suele requerir tiempo y mucha práctica, sobre todo cuando no se está acostumbrada. Es como ir al gimnasio o iniciarte en cualquier deporte: las primeras veces cuesta mucho trabajo y parece muy difícil; sin embargo, con ayuda y práctica es cada vez más fácil, hasta que lo dominas a la perfección. Por ello pon consciencia y date tiempo, que no es algo que se logre de hoy para mañana.

Son los pequeños retos los que pueden ayudarte a ir creciendo en pro de una vida mejor y más plena; eso sí, sin exigencia, cuidándote en el camino. A mí me ha ayudado mucho, y me sigue ayudando en mi día a día, la idea de ponérmelo fácil. Sea lo que sea que haga en cualquier ámbito de mi vida, voy superando retos y obstáculos, siempre con mi lema «me lo pongo fácil». Es mi forma de recordarme que no es cuestión de exigirme llegar al máximo que mi ego puede imaginar, sino de lograr mi máximo cada día poniéndomelo fácil. Así es como logro ir dejando de lado esa voz exigente y enjuiciadora que tengo dentro de mí.

Los límites en casa de papá y los límites en casa de mamá

Como ponemos límites a nuestros hijos por los motivos que antes te comentaba, lo ideal sería que en la convivencia como pareja se pusieran de forma conjunta previa reflexión y tras las conversaciones pertinentes; luego, cuando llega la separación, estos deben mantenerse. Sin embargo, no siempre es posible ni lo primero ni lo segundo.

Te propongo que aproveches para detenerte y revisar los límites que teníais hasta ahora. Si los consideras saludables, mantenlos: eso proporciona sensación de seguridad, pues se conservará la estructura, especialmente en un momento de cambio como es la separación o el divorcio. Si pudieran existir los mismos límites en una casa y en otra, sería genial; pero, si no, no te agobies. Tu poder de acción es limitado.

Te animo a que, si son diferentes en una casa y en otra, o si hay cambios respecto a los que existían antes y los actuales, te sientes a hablar con tus peques y se lo cuentes. Puede ser un gran momento para hablar de límites y normas.

Las normas son más flexibles y varían de una familia a otra porque se ponen para facilitar la convivencia en el espacio común. Por ejemplo, hay familias que tienen permitido saltar en el sofá, mientras que otras no. O familias en cuyas casas se entra sin calzado, mientras que en otras nadie se puede quitar los zapatos. Y es que mientras que los límites salvaguardan la integridad física, psíquica y/o emocional de las criaturas, al convertirse en líneas rojas innegociables, las normas son más volubles.

Según crezcan tus peques y cambien vuestras circunstancias, las normas variarán, también los límites, aunque con menos frecuencia. Te propongo que para establecer las normas escuches y tengas en cuenta su punto de vista. En la medida en la que participen en la toma de decisiones respecto a estas reglas, se responsabilizarán en su cumplimiento con más facilidad. Desde la conexión es más sencillo que cumplan con los límites y las normas; llegar a acuerdos siempre ayuda y favorece el sentimiento de pertenencia, aunque hay que tener en cuenta siempre la edad de tus peques. Llegar a acuerdos en la etapa de cero a tres años es imposible, mientras que en la de seis a doce es fácil, y de los doce en adelante, una oportunidad para crecer en familia. En cualquier caso, es muy enriquecedor para todos.

Te confieso que me encantan los momentos de reuniones familiares, especialmente porque, cuando quieren cambiar una norma, sus propuestas son geniales, casi siempre mejores que las que Miguel Ángel o yo teníamos previstas. Creo que las madres y los padres tenemos la oportunidad de aprender mucho de nuestros pequeños, solo necesitan que les demos la oportunidad de expresarse y escucharlos con el corazón.

Como te decía, lo ideal es que los límites sean los mismos y las normas similares en ambas casas, pero también es verdad que saben distinguir qué límites y normas hay en cada casa y pueden adaptarse. Te animo a que, si sabes que son diferentes en cada hogar, lo tengas en cuenta y te pongas en sus zapatos a la hora de transmitirlas y puedas entender la frustración u otras emociones que se les genera hasta adaptarse a las diferencias entre cada casa.

En tales situaciones, es común que, al volver de la otra casa, se muestren irascibles o retadores. Tal vez sea porque te han echado mucho de menos; esa es su forma de sacar y expresar el malestar que han sentido; por otro lado, puede que necesiten testar, es decir, ver si en tu casa los límites siguen siendo los mismos que eran cuando se fueron.

Es una actitud que puede durar varios días tras su regreso e irá disminuyendo según avancéis en el periodo de adaptación.

Por eso es importante que te pongas en sus zapatos y que mantengas tus límites; si además de cambiar de una casa a otra, en la tuya cambian los límites y las normas según te encuentres cada día, vendrá el lío de los líos para tus peques, que te lo harán saber a través de su comportamiento.

Mientras te cuento esto me ha venido a la mente un recuerdo. Volvían mis hijos de haber pasado el fin de semana con su padre. Por aquel entonces, él tenía una pareja con dos hijas y esta les permitía saltar en el sofá, por lo que, por ende, mis hijos saltaban también, algo que sabían que en su casa de mamá no está permitido.

Pues bien, aquel día, mi hijo pequeño, nada más saludarme, se fue corriendo al salón y se puso a saltar en el sofá mientras su padre y yo hablábamos. Lo observé y vi cómo me buscaba con la mirada, y entonces con amabilidad y firmeza al mismo tiempo le recordé que en nuestra casa no se saltaba en el sofá y que para saltar teníamos otro lugar. Me miró abiertamente, me mostró la mayor de las sonrisas y se bajó.

Nunca más lo volvió a hacer.

Ante los cambios de normas y límites necesitan testar, y no es malo, sino todo lo contrario, en muchos casos es necesario y nos corresponde a sus figuras parentales recordarles las normas y los límites con la paciencia y la dedicación que la situación requiere y de las que somos capaces en cada momento.

El límite no debe ser arbitrario. Es bueno para todos los convivientes que sea un límite reflexionado, estable y transmitido con firmeza. Desde la tranquilidad de que es por su bien y de que los límites también cuidan. Desde esa calma podrás gestionar su reacción ante el desacuerdo.

Y no trates de compensar, si en la otra casa no existen los límites, no los pongas tú por ti y por tu ex. Tampoco hagas lo contrario: si allí hay un montón, no dejes de poner tú los que correspondan. No se trata de que trates de equilibrar la balanza entre los dos yéndote al extremo opuesto, eso no equilibra. De esa manera, tus peques estarán yendo de un extremo a otro sin entender nada de lo que está sucediendo. Encuentra tu propio equilibrio y pon los límites desde ahí. Si no se pueden consensuar, haz lo que consideres mejor y deja que la otra parte haga lo suyo, te guste o no.

Recuerdo perfectamente el día que fui a recoger a mis hijos a su casa de papá y cuando bajaban por las escaleras corriendo y con una enorme sonrisa vi que además llevaban cada uno una pistola negra en la mano. No me podía creer lo que estaba viendo. En milésimas de segundos me recordé toda la teoría que sé para mantenerme en mi centro y no decir lo que realmente me apetecía en ese momento.

No es que los niños y las niñas no puedan tener pistolas de juguete, no voy a entrar en eso porque cada casa y familia decide según sus criterios. Ahora bien, a mí jamás me han gustado y no he querido que mis hijos las tengan en casa. Fue un tema del que hablamos mucho durante nuestra relación de pareja y él conocía a la perfección mi postura al respecto, pero allí estaban nuestros pequeños, con una pistola en la mano; eran negras y con un aspecto bastante real.

Después de abrazarlos y tener nuestro contacto inicial lleno de afecto me las enseñaron entusiasmados, validé su entusiasmo y después les recordé que a mí no me gustaba tenerlas cerca, y por ello debían dárselas a papá para que las tuvieran en su casa de papá.

No pretendía hacer entender al padre mi postura, él ya la conocía, ni convencerlo de que mi opción era mejor que la suya, en absoluto; simplemente tenía claro mi límite e informé a mis hijos. Mientras ellos mostraban su disconformidad, el padre, con mucho respeto, me argumentaba por qué no veía mal que tuvieran pistolas y que ya era hora de que pudieran jugar con ellas porque ya no eran tan pequeños.

No le discutí nada, había sido un tema que había generado mucho conflicto cuando convivíamos y no creí que ahora pudiéramos ponernos de acuerdo. Simplemente ya no vivíamos juntos y yo no iba a permitir que algo que me genera tanto rechazo entrara en mi casa.

Cuando él terminó de exponerme sus argumentos, que escuché en silencio y con respeto, le hice saber que entendía su postura y que por eso nuestros hijos podrían tener pistolas en su casa de papá, que mi criterio era otro y no iba a dejar que las llevaran a casa.

A continuación, miré a nuestros pequeños, que nos habían escuchado, y los informé de lo que ya sabían. Le dieron las pistolas a su padre, se despidieron cariñosamente de él y nos fuimos.

Tal vez pienses que lo ideal hubiera sido hablar de esto a solas, claro, pero las circunstancias se dieron así, y para mí el tema de las pistolas como juguetes es una línea roja que no quiero traspasar.

Fue una conversación breve y con respeto que nuestros hijos presenciaron, donde pudieron comprobar que papá y mamá tienen distintos criterios, y eso no es malo, cada cual respeta el del otro.

Probablemente, si ellos no hubieran estado delante, le hubiera dicho otras cosas a su padre; por eso mismo no dije nada más, porque había dos personas pequeñas muy atentas a lo que nos decíamos, a cómo lo hacíamos y a la energía que desprendíamos.

Lo que trato de trasladarte es que no inicies ni te enganches a batallas que no merecen tu tiempo ni energía, que abandones la pretensión de controlar todo lo que viven tus hijos, pues no es posible. Ni ahora como madre separada ni antes.

Tal vez antes tuvieras una sensación de mayor control porque vivíais todos juntos, pero no era real. No podemos controlarlo todo, tampoco de la vida de nuestros pequeños.

Ya conviviendo se dan diferencias de criterios educativos, y ahora no va a ser distinto, y toca llegar a acuerdos como antes, y cuando no es posible toca soltar y asumir que solo nos podemos hacer cargo de lo que está en nuestras manos. Respecto a lo demás, debemos aceptar la difícil tarea de dejarlo ir.

Las pantallas y el uso de dispositivos digitales

Este suele ser un temazo en lo que a límites se refiere, y antes de abordarlo de forma específica me gustaría hacer una reflexión al respecto. Y es que como madre observo con frecuencia que las personas adultas hacemos un uso indiscriminado de las pantallas, y me atrevo a decir un mal uso de ellas. Y madres y padres después les exigimos a nuestras criaturas aquello que nosotras no hacemos. Y recuerda: no aprenden por lo que les decimos que hagan, sino por lo que nos ven hacer.

Somos una generación que no ha sido educada en el uso de dispositivos digitales, y para poder educar a nuestros peques en el uso de estos no nos queda otra que «autoeducarnos».

> NO SE TRATA DE DEMONIZAR LAS NUEVAS TECNOLOGÍAS, QUE HAN VENIDO PARA QUEDARSE, SINO DE APRENDER A UTILIZARLAS.

Me parece urgente que nos paremos a reflexionar sobre qué uso queremos darles a las pantallas. Recuerdo con cariño conversaciones largas y profundas con amigas e incluso con compañeras de trabajo hace años acerca de este tema. Reflexionábamos juntas porque nos cuestionábamos los límites sobre este tema. Leíamos mucho sobre ello y lo comentábamos, para que cada una fuera encontrando su marco de límites personal y familiar, ese que le resonaría. Y ahora quiero compartir contigo mi reflexión sobre este tema, por si te ayuda, para que así puedas crear la fórmula y las normas que te valgan y puedas implementar en tu casa. O en tu familia en caso de que su padre y tú podáis llegar a un acuerdo común.

Al igual que no hay dos personas idénticas, tampoco hay dos familias iguales, por eso no hay formas únicas y estándares. Lo que sí hay son consecuencias genéricas respecto al uso de las pantallas; valorando estas y tu situación, puedes encontrar tu equilibrio en este tema.

Dicho lo cual, ¿pantallas sí o pantallas no? Depende mucho del para qué y de la edad. Y es que no se trata de demonizar las nuevas tecnologías, que han venido para quedarse, sino de aprender a utilizarlas.

Los problemas que podemos asociar a las pantallas son varios; destaco los tres principales para mí:

- **Funcionan como anestesia emocional.** Este uso está muy propagado entre la población adulta; en muchas ocasiones las usamos para dejar de sentir y evadirnos de nuestras responsabilidades, emociones y preocupaciones. Nos desconectamos de nuestra esencia, de nuestra escucha interna. Cuando en momentos así nuestros peques nos reclaman, nos sienten *out*, ven nuestro cuerpo pero no nos sienten, y por eso nos reclaman de esa forma tan desagradable y molesta en ocasiones, pues buscan nuestra atención como saben y pueden.

    Cuando los niños y las niñas utilizan también las pantallas de este modo, como *tapaemociones*, el problema puede venir de que se perpetúe en el tiempo, pues entonces la capacidad de conectar con sus propias necesidades y deseos se reduce muchísimo. Además, pierden capacidad de conexión contigo y con el resto de las personas de su entorno.

    Las pantallas tapan la sensación de vacío y soledad, por eso no es sano este uso, porque entonces se perpetúa en el tiempo esta necesidad de buscar tapones externos con los que taparla.

- **Son adictivas.** Las pantallas enganchan, no es tan fácil decidir un tiempo de uso y cumplirlo. ¿Te ha pasado alguna vez abrir alguna red social «un momentito» que termina por convertirse en una hora o más? ¿O prometerte que vas a ver un solo capítulo de una serie y que te den las tantas viendo un capítulo tras otro? El nivel de adicción y excitación que producen las pantallas en el cerebro es muy alto, y por eso enganchan, por lo cual es fácil que ante un momento de aburrimiento o de no saber qué hacer se piense rápidamente en estas y sea lo que los peques reclamen, igual que puede pasarte a ti o a mí si no hacemos un consumo consciente de ellas.
- **A costa de.** El tiempo en las pantallas, especialmente en la infancia, y aún más en la primera infancia (de cero a seis años), siempre es a costa de algo. Su desarrollo cerebral se está perdiendo algo mientras pasan el tiempo delante de un dispositivo digital. ¿Por qué? Porque en esa etapa su cerebro está en pleno desarrollo y es una esponja, lo absorbe absolutamente todo sin distinguir qué es verdad y qué es ficción (otra de las dificultades del uso temprano de las pantallas). En esa etapa se está construyendo su propia visión del mundo y el ritmo natural del cerebro es muuuuucho más lento que el que ofrecen las pantallas.

Los dispositivos digitales proporcionan una sobreestimulación que perjudica la capacidad de asombro de los niños y las niñas por las cosas reales del día a día; entonces pierden interés, motivación e incluso capacidad de ilusionarse. Catherine L'Ecuyer, en su libro *Educar en el asombro*, afirma: «Cuando presentamos al niño pequeño estímulos externos de manera que estos suplantan su asombro, anulamos su capacidad de motivarse por sí mismo. Al final el niño se apalanca y no es capaz de ilusionarse ni asombrarse por nada. Tiene el deseo bloqueado. En algunos casos, su adicción a la sobreestimulación le lleva a buscar sensaciones cada vez más fuertes, a las que también se acostumbra, algo que le llevará a una situación de apatía sostenida, de falta de deseo, de aburrimiento».[1]

Tomás de Aquino decía: «El asombro es el deseo para el conocimiento». Y es que el asombro es lo que nos suscita interés, tengamos la edad que tengamos, por saber y aprender más.

Creo que la cita inicial del libro *Educar en el asombro* resume perfectamente la idea que te quiero transmitir. Es de Chesterton:

> Cuando muy niños, no necesitamos cuentos de hadas, sino simplemente cuentos. La vida es de por sí bastante interesante. A un niño de siete años puede emocionarle que Perico, al abrir la puerta, se encuentre con un dragón: pero a un niño de tres años le emociona ya bastante que Perico abra la puerta.

Teniendo esto en cuenta, mejor quitamos todas las pantallas de en medio, ¿no? NO. Desde mi punto de vista no se trata de demonizarlas, sino de conocerlas para hacer un uso responsable de ellas. La tele, el móvil, la tableta, las redes sociales, los videojuegos... No es cuestión de decidir si son algo bueno o malo, sino de decidir qué uso les damos para convertirlas en algo beneficioso. Vaya, que sean una herramienta para nosotras en lugar de que nosotras seamos sus esclavos y esclavas.

Por eso, al establecer las normas y los límites en tu casa,

---

1. Catherine L'Ecuyer, *Educar en el asombro*, Plataforma, Barcelona, 2013.

puedes tener en cuenta lo anterior y lo que te comento a continuación:

- **Revisa qué uso haces tú de las pantallas.** Recuerda que el aprendizaje de tus hijos es por imitación y que tú eres uno de sus mayores modelos, por lo que cuida en primer lugar la forma en la que usas los dispositivos digitales en casa. La coherencia es fundamental, y si eres coherente con el uso que tú haces y los límites que pongas al respecto, va a ser más fácil que ellos los cumplan.
- **Reflexiona acerca de los límites** que pones y después establece los que consideras importantes atendiendo a vuestras necesidades y a vuestra situación.
- **A lo que prohíbo, invito.** Establece los límites y las normas con antelación, no en plena visualización de la pantalla, de esa forma estarás limitando desde la información y la conexión. Además, cada vez que tus peques empleen las pantallas, en ese marco previamente establecido a través de los límites, recuérdaselos. Ten en cuenta que, por su poder adictivo, puede ser difícil el momento de apagar la pantalla.
- **Acompáñalos en el uso.** Cuando son más peques, y también no tan peques, las pantallas pueden utilizarse como momento de encuentro familiar. Ya sea viendo una serie o una película, que además después puede generar conversación y por tanto conexión emocional, o interesándote por el videojuego o red social que le interesa a tu adolescente.
- **Interésate de forma activa por lo que les gusta.** Es especialmente importante según van creciendo, pues no se trata de abrumarlos ni juzgarlos, sino de interesarnos por lo que les gusta. Es una forma de conectar emocionalmente. Eso sí, dentro de los límites saludables, no todo vale.

- **Propuesta y presencia.** A veces las pantallas pueden ser la vía de escape a la soledad que sienten, por eso es importante que cuenten con nuestra presencia y tengan a su alcance propuestas de interés; si son divertidas, siempre serán mejores.

Si consideras que en casa el uso de las pantallas se te ha ido de las manos o es motivo de conflictos continuos, te animo a que primero te sientes a reflexionar tú en silencio. Después establece el marco de límites que consideras saludable y para terminar siéntate con tus peques para comunicarles lo que has pensado y decidido.

Hazlo desde la honestidad. No nacemos sabiéndolo todo, más bien nada, y las nuevas tecnologías nos vienen grandes, sobre todo por lo mucho y rápido que cambian. Por ello puedes explicarles que no son al cien por cien buenas, y por eso es importante hacer un uso responsable de ellas. Igual que cuidas su alimentación y no les llevas todos los días a cualquier restaurante de comida rápida, tampoco les vas a permitir un consumo excesivo.

Y si en su casa de papá los límites al respecto son distintos, recuerda mantener los tuyos: no los vayas modificando según te sientas cada día. En nuestro caso, Miguel Ángel y la madre de sus peques, y yo con el padre de los míos, tenemos muy definidas las líneas rojas, son límites innegociables que cada pareja consensuó en su momento. En mi caso supuso más de una y de dos conversaciones, y no todas estuvieron exentas de tensión, pero finalmente logramos acordar las líneas rojas para nuestros hijos.

Ahora bien, más allá de esto, nuestros peques tienen límites distintos del uso de pantallas en su casa de papá y en su casa de mamá, básicamente porque los adultos también las empleamos de forma distinta.

Algunas recomendaciones que puedes consensuar:

1. **Cuida el contenido.** Evita lo que contenga violencia.
2. **Evita el uso de dispositivos digitales mientras estáis comiendo.** El momento de comer es genial para compartir; en la medida en la que están viendo una pantalla, se están desconectando de un momento tan importante como es el de alimentarse.
3. **Evita su uso en los momentos de espera.** Es habitual ver a peques con móviles o tabletas en la cola del súper, en un bar o en la sala de espera del médico. Para estos momentos puedes llevar su mochila con un cuaderno o algún juguete con el que se pueda distraer.
4. **Establece un horario con principio y final.** En este sentido, los relojes con alarma funcionan muy bien para que sea un elemento externo el que recuerde el límite. O establecer un tiempo definido para el visionado a través del número de capítulos que puede ver o el número de partidas si se trata de un videojuego, por ejemplo.
5. **No lo utilices para calmar una emoción.** Para calmarse, te necesita a ti y tu presencia, no una pantalla.
6. **Evita utilizarlas como premio o castigo.**
7. **Observa sus reacciones previas y posteriores** al uso de las pantallas, pues no a todos y todas les afectan de la misma manera.
8. **También puedes valorar la hora del día que le viene mejor,** pues no es muy conveniente ni al inicio ni al final de este.

Mi opinión es que el uso de pantallas cuanto más tarde se realice, mejor, pues no hay una necesidad real en los primeros años de vida. La demanda se da más bien por imitación. Ahora bien, cada situación familiar es diferente y las circunstancias muy variopintas, por lo que ten en cuenta que esto solo son unas recomendaciones, por si te sirven.

Además, llegar a un consenso para establecer las líneas rojas o los límites comunes no siempre será posible, y eso suele generar mucha frustración; si este es tu caso, transita la frustración, la rabia o lo que sientas, y expresa tu malestar en un espacio seguro para ti para después llegar a la aceptación. Es esta lo que te permitirá sentirte en paz.

Tú eres una de sus referencias principales; la otra parte le ofrece otro modelo y llegas hasta donde llegas. La aceptación es la vía para mantenerte firme en tu posición previamente reflexionada y soltar lo que no puedes controlar.

Ejercicios

¿CÓMO PONER LÍMITES A TU EXPAREJA?

Tras una separación es importante definir, al menos de manera interna, el modo en que vamos a relacionarnos y a seguir formando equipo en todo lo posible en cuanto a la crianza de los hijos.
Ahora bien, es habitual que haya que poner límites que anteriormente no existían. La gran pregunta es: ¿cómo hacerlo?

1. En primer lugar, valora y reflexiona sobre qué límites son realmente necesarios y cuáles no.
2. Haz una lista con aquellos que sientes que son imprescindibles y que por tanto tendrás que establecer.
3. Procura ser lo más exhaustiva posible para no enzarzarte en discusiones estériles cuando llegue el momento de ponerlos en práctica.
4. Cuando vayas a mantener la conversación, te propongo que lo hagas tipo sándwich. Es decir, trata de comenzar haciendo una apreciación positiva de la otra persona, para a continuación exponer el tema fundamental y el límite que quieres establecer; finalmente, cierra con algo positivo. Cuando hablo de

positivo no tiene por qué ser un halago, funcionan muy bien los agradecimientos. Por ejemplo: «Entiendo que te preocupas mucho por el bienestar de nuestra hija y que eres un padre entregado y preocupado, por eso mismo considero importante que no llames a la hora a la que está a punto de acostarse, porque se queda muy agitada emocionalmente, mejor hacerlo a otra hora. Agradezco mucho la suerte que tiene de contar con un padre atento y que cuida el vínculo como tú lo haces».

5. Si tu relación con tu expareja es más beligerante, te sugerimos que escojas un canal de comunicación que te permita abrir grupos para temas específicos cuando te comuniques por mensajería, tal y como expliqué en el primer ejercicio del capítulo 2. ¿No es igual eso que una conversación privada? A efectos prácticos sí, pero de una forma simbólica os recordáis que vuestras conversaciones se dan por los roles de madre y padre que desempeñáis, no por cuestiones de hombre y mujer, es decir, de pareja. Y, en caso necesario, puedes plantearte la posibilidad de bloquear temporalmente otro tipo de comunicaciones.

6. Planifica el número de veces que contestarás o mantendrás el contacto a lo largo del día o de la semana, de tal forma que establezcas un límite claro y firme que tú misma debes respetar.

7. Busca ayuda profesional. En ocasiones, la falta de límites responde a una falta de autoestima o incapacidad para reconocer otras dificultades encubiertas que un ojo experto nos ayuda a ver con más claridad.

Límites a los peques

A veces resulta difícil poner límites a los hijos porque no tenemos claro los propios y nos resultan incómodos, mientras que en otras ocasiones les pones a las criaturas los que necesitan y muchos más, porque les añadimos los que no nos atrevemos a poner a otros iguales.

Por ello te sugiero algunas pautas que puedes seguir para ayudarte a tomar consciencia acerca de tu relación con los límites:

- Haz un registro durante una semana completa de las veces que dices NO a tus hijos. Al finalizar, observa los resultados.
- Pon atención a cuando dices SÍ queriendo decir NO a otros adultos. En ese momento observa la sensación que sientes en tu cuerpo y con qué te conecta de tu vida.
- Reflexiona y consensúa las normas y los límites en casa; después ponlos en alguna cartulina visible para todos.

Revisión de tu relación con los límites

La idea es que este cuadro pueda servirte de ayuda para identificar cómo te relacionas con cada límite, de dónde viene, el nivel de consciencia que tiene para ti y su verdadera utilidad.

Límite	¿Lo pongo en mi casa o también en la de mi ex?	¿Este límite tiene sentido hoy?	¿Viene de lo que me han enseñado?	¿Responde a una necesidad mía o suya?	¿Este límite cuida o protege?	¿Por qué lo establezco?	¿Lo debo volver a revisar más adelante?

6

LAS EMOCIONES Y CONDUCTAS QUE MÁS AFLORAN EN LOS HIJOS Y LAS HIJAS ANTE LA SEPARACIÓN

Las emociones que más se dan en los niños y las niñas ante el divorcio de sus padres son fundamentalmente la añoranza, la culpa, la tristeza, el enfado y el miedo. Cómo los acompañes emocionalmente en este proceso marcará la diferencia en la forma en la que vivan, integren y asimilen el cambio de molde familiar.

Como ya te he comentado anteriormente, expresar las emociones que sentimos ante situaciones dolorosas es sanador. La mayoría de las personas no estamos acostumbradas a expresar, especialmente, las que nos incomodan o nos resultan desagradables.

Por eso muchas de nuestras heridas están enquistadas, porque no hemos liberado a través de la expresión emocional el dolor que sentimos en su momento. Y cuando alguien, especialmente nuestros peques, se permite expresar sus emociones de forma espontánea, nos remueve internamente y lo que nos sale es acallarlo para que las repriman. Pero eso, lejos de hacer que el dolor y la emoción desaparezcan, solo enquista la herida y perpetúa sus consecuencias.

Por ello, en un momento que suele ser emocionalmente sensible, como la separación, es importante que valides la expresión de cada una de las emociones que surjan. Cuando hablo de validar me refiero a la capacidad de aceptar y comprender lo que está sintiendo tu peque sin juzgar su emoción, ni pretender que deje de expresarse o de sentirse como se sienta en cada momento.

> EXPRESAR LA EMOCIÓN LOS LIBERA
> Y LOS SANA.

Puede que el comportamiento sea inadecuado, de eso te hablo un poco más adelante, pero lo que sienten en cada momento es lícito siempre. Darle cabida y acoger su emoción le hace sentir válido e importante. De hecho, muchos problemas de autoestima en la adultez tienen el origen en la falta de validación emocional en la infancia. Si un niño percibe que llorar o enfadarse, por ejemplo, está mal, puede acabar pensando que sentir dichas emociones lo hace defectuoso.

> EN LA EXPRESIÓN EMOCIONAL TAMBIÉN
> DEBE HABER ALGUNOS LÍMITES, COMO QUE
> NO SE DAÑEN A SÍ MISMOS, A OTRAS PERSONAS
> NI EL ESPACIO EN EL QUE SE ENCUENTRAN.

Todas las emociones que en tu infancia se quedaron sin acompañar, todas las que has reprimido hasta ahora, no se han esfumado, están enquistadas en tu interior; por eso, en su expresión emocional, resuenan en tu interior. A la hora de validar a tus peques lo que sienten puede ayudarte recordar que es su emoción y que no tiene que ver contigo, por lo que no se trata de algo personal contra ti. Tal vez así te resulte más fácil estar presente y disponible como tus hijos necesitan para transitar su momento de malestar.

Para ello, mantén el doble foco, uno en ti, para mantener

a tu niña interior tranquila, y otro en tu peque. Tal vez te ayude recordarte, como si de un mantra se tratara, «Yo soy la adulta», para mantenerte en tu centro, en lugar de conectar con tu niña interior, lo que te impediría ser el sostén que tu peque necesita en ese momento, acompañando y validando lo que está sintiendo. Expresar la emoción los libera y los sana.

Valida cada una de sus emociones permitiendo que expresen cómo se sienten y que lo hagan como saben y puedan según el momento, dentro del marco de seguridad que la ocasión requiera. Hazlo sin proyectar tu propia emoción del momento, pues tú eres su sostén y el recurso que tienen a su alcance.

Cuando validamos lo que sienten, les estamos haciendo saber que los vemos, que son importantes y que su emoción es lícita. Como es algo que la mayoría no hemos vivido, es normal que al principio no sepas hacerlo y te sientas un poco ortopédica; sin embargo, esto se resuelve con práctica, confía en ti.

Si la emoción que expresa tu peque es más intensa y requiere más de ti, te propongo que apagues los pilotos automáticos, aparques la tarea que estés llevando a cabo en ese momento (siempre y cuando sea posible) y que ambos os metáis en una burbuja invisible. De hecho, si os pilla en la calle o en algún lugar público, debes obviar las miradas ajenas.

Una vez dentro de vuestra burbuja mantén el foco en ti para que tu niña interior no cope el protagonismo del momento; trata de conectar con tu peque para entender qué está pasando.

Muchas veces ante el golpe de una caída, por ejemplo, aprovechan para soltar todas las lágrimas que han contenido y que responden a lo que están viviendo; aunque, *a priori*, el llanto parece responder al dolor que sienten en las rodillas, el trasfondo puede ser otro.

> «LAS LÁGRIMAS LIMPIAN LAS TUBERÍAS DEL ALMA.»

Comienza por validar la emoción que esté expresando y ponle nombre a eso que puede estar sintiendo. Se trata de que te pongas en sus zapatos y le des la importancia que tiene para él o ella. Acógelo, a veces los besos y abrazos calman; sin embargo, en otras ocasiones, puede rechazarlos: si es así, déjalo estar, pero mantente a su lado. Tu sola presencia ya reconforta. Estamos tan acostumbradas a hacer cosas que el silencio y el estar nos pueden llegar a incomodar y a parecer insuficientes; sin embargo, muchas veces es justo eso lo que necesita.

Y mientras estás ahí trata de conectar con tu peque de corazón a corazón para entender qué mensaje hay detrás de esa expresión emocional, pues puede ser lo que se ve a simple vista o puede que haya un trasfondo al que tal vez logres ponerle palabras.

En ese caso, cuando sientas que puede escuchar, que la ola emocional ya ha comenzado a menguar, tal vez puedas verbalizar lo que crees que le sucede, como: «¿Puede que te sientas más sensible porque me has echado de menos?», «¿Puede que sientas miedo ante los cambios que estamos viviendo?». La mayoría de las ocasiones yo prefiero preguntar antes que afirmar, por dejar abiertas otras posibilidades, pues soy madre pero no lo sé todo, tampoco de mis hijos y de lo que sienten.

Y a partir de ahí podéis hablar de lo que le sucede, pero, eso sí, se trata de escuchar más que de hablar, pues los adultos tendemos a soltar sermones y explicaciones cuando en circunstancias de este tipo no se necesita tanta palabrería y sí más escucha interna y externa.

La añoranza

Es una emoción que está muy presente en las vidas de muchas criaturas con padres y madres separados, porque muy a menudo echan de menos a uno de los dos, ya sea ante un momento de dolor o uno de alegría. Cuando se trata de algo que les genera tristeza o les duele, les gustaría compartirlo con quien en ese momento no está presente. Pero también ocurre cuando se trata de un motivo de alegría, pues les encantaría que los vieran consiguiendo tal cosa o disfrutando tanto como lo están haciendo en ese instante, y esa persona no está.

Por eso, valídales que echen de menos a mamá o a papá, pues así les das permiso para que puedan experimentarlo y de alguna forma les estás dejando el camino libre para que sientan amor por la otra persona, que es una de sus mayores necesidades.

Esta emoción tan presente en hijos e hijas con progenitores separados no dura para siempre. En función de cada familia, de la relación y el vínculo que las criaturas establezcan con cada uno y de lo integrada que tengan la separación, está más o menos presente por más o menos tiempo.

La culpa

Suele aparecer con frecuencia y es muy importante ayudarlos a mitigarla, pues puede causarles mucho sufrimiento. Se hace aún más presente cuando se encuentran en la etapa egocéntrica.

Pueden sentir culpa, por ejemplo:

- Por estar pasándoselo muy bien con mamá y porque no esté papá, o al revés.
- Si sienten que hay algún enfado entre vosotros dos,

pueden sentirse culpables al respecto, especialmente si están en la fase egocéntrica de su desarrollo (de dos a seis años).
- Por echar de menos al otro progenitor cuando están contigo.
- O si sienten que estáis enfadados entre vosotros y entonces no pueden amaros a ambos. Pueden llegar a sentir culpa por quereros a los dos, y me atrevo a decir que esta puede ser de las sensaciones más dolorosas, de las que más les hace sufrir, pues necesitan sentir libertad para quereros a ambos. Lo contrario los situará en un conflicto de lealtades, y eso, como ya hemos visto, es muy doloroso.

Además de validarles que sientan culpa, explícales que el enfado que sientes o el que habéis tenido ambos progenitores no es culpa suya, libéralos de esa carga. Si la culpa es porque han disfrutado sin ti o sin su otro progenitor, explícales que no os enfadáis por ello, sino todo lo contrario. Hazles saber que su mayor cometido en la vida ahora es disfrutar. Deséales siempre que disfruten al irse con mamá o papá.

Como te comentaba en un capítulo anterior, te recomiendo que no les digas que los has echado de menos o que los echas de menos. Existen alternativas que los harán sentirse queridos y al mismo tiempo evitarán que se sientan culpables o responsables de tu bienestar. Lo que necesitan saber es que, aunque no estén contigo, tú vas a estar bien.

La tristeza

En la mayoría de las separaciones al uso, es decir, las separaciones tradicionales que se llevan a cabo desde el miedo y donde se produce una lucha de egos, es fácil que las criaturas sientan la separación como la pérdida de un ser querido. De ahí la importancia de que reciban el apoyo y el acompañamiento emocional de sus mayores referentes, pues el dolor que llegan a sentir puede ser muy grande.

Sin embargo, en mi experiencia acompañando separaciones conscientes, puedo decir cómo, en la medida en la que no existen cargas juiciosas limitantes por parte de una o ambas figuras parentales, las criaturas viven el proceso de separación con mucha naturalidad. Y en los casos en los que, durante la convivencia, la situación ha sido conflictiva, lo llegan a vivir como una liberación.

Si perciben que el cambio que supone la separación es para mejor, esta emoción se da con menor profundidad, pero cuando viven la separación como una pérdida, la tristeza es mayor ante la sensación de pérdida. Claro que esta no viene para quedarse, sino que, como todas las demás, es temporal y viene y va según lo que vaya viviendo.

El enfado

Se da a partir de la insatisfacción por no poder estar con ambos progenitores, por que la situación cambie de una forma ajena a su voluntad. También puede darse como consecuencia de sentir culpa, pues la expresan muchas veces a través del enfado.

Esta emoción suele proyectarse hacia uno de los progenitores; en ese caso, ten siempre en cuenta que no es algo personal hacia ti. No lo personalices, pues de hacerlo puedes vivir la situación con algunas emociones encontradas y acompañarlos te va a resultar mucho más complicado.

Aunque la mayor dificultad se da cuando los niños y las niñas dirigen la ira hacia sí mismos; en ese caso, cuida que no se lastimen. No permitas que se hagan daño. El enfado siempre es lícito, y por eso es bueno que se lo valides, pero no las conductas que los dañen. En la expresión emocional también debe haber algunos límites, como que no se dañen a sí mismos, a otras personas ni el espacio en el que se encuentran. Tal vez te resulte más difícil validarles esta emoción que algunas de las otras; la rabia es una de las que más energía contienen y de las más reprimidas, por eso es de las que más nos mueven en nuestro interior. Así que recuerda mantener el doble foco.

Y si se da una situación de explosión emocional, no trates de explicarles mucho con palabras en ese momento. Las personas adultas solemos sufrir de diarrea verbal por esa querencia por hacer siempre cosas; mejor céntrate en estar presente y disponible, y ya les explicarás cuando puedan escuchar.

El miedo

Lo sienten por la inseguridad que les genera la nueva situación. La inseguridad surge, sobre todo, porque hay uno que ya no está. Hasta el momento de la separación, su estructura familiar ha sido la que ha sido; eso es lo que conocían. Ahora se enfrentan a una estructura nueva que les es desconocida. Viven en el instante presente, en el aquí y el ahora, y aunque lo que viene seguramente sea mejor, se trata de un cambio grande frente a lo conocido, lo que puede hacerles sentir inseguridad y, por ende, miedo.

Para paliarlo, es importante que conozcan cuál será su estructura familiar en adelante; las rutinas ayudan mucho en estos momentos precisamente por el orden y estructura que ofrecen. Saber cuándo estarán con cada uno de vosotros les facilitará ganar seguridad ante los cambios que se avecinan. Para ello elaborar el calendario semanal del que te hablaba antes puede ayudarlos mucho al obtener, de un solo vistazo, dicha información.

La estructura proporciona seguridad, confianza y sensación de protección, por lo que habrá poca cabida para la inseguridad; como consecuencia, el miedo se reducirá. Ahora bien, como todo en la vida, los extremos no son sanos, y flexibilizar, cuando es posible, es una gran opción.

Ante un proceso como la separación o el divorcio, se hace más importante que nunca escuchar a tus criaturas con los oídos y, sobre todo, con el corazón. Es decir, mucha observación para poder saber dónde están o, al menos, por dónde andan más o menos.

Y es que expresar verbalmente cómo se sienten no siempre les resulta fácil, por ello muchas veces mostrarán su malestar a través de su comportamiento más que con sus palabras. En lugar de tratar de que dejen de hacer tal o cual cosa, mira qué necesidad hay detrás de su forma de comportarse.

Piensa en el ejemplo del iceberg: solo el 20 por ciento de su tamaño asoma en la superficie del agua; el otro 80 por ciento queda debajo. Pues el comportamiento de tus peques es similar: eso que muestran y que puede resultarte molesto no es más que el síntoma de la necesidad auténtica que tienen y no saben expresar. Sus conductas disruptivas son su llamada de socorro, su forma de decirte: «Mamá, te necesito, no sé bien qué me pasa, siento un gran malestar dentro de mí, ayúdame», o «Mamá, te he echado mucho de menos».

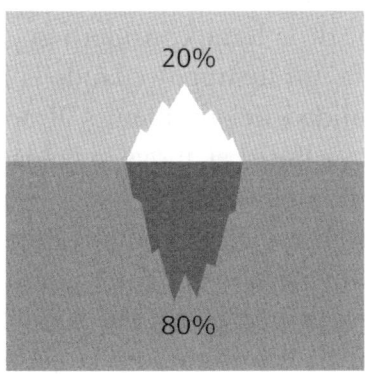

Esto no quiere decir que les permitas transgredir los límites, pues tan importante es escucharlos como recordarles cuáles son estos. Eso sí, es bueno que tengas en cuenta que se trata de un periodo de adaptación en el que las criaturas necesitan del acompañamiento emocional para que esta tenga éxito.

Saber leer su comportamiento es importante para no recriminar su conducta, sino encontrar la raíz de lo que está sucediendo en su interior. Si entiendes que su comportamiento es fruto de los mecanismos que tienen en ese momento para hacer frente a la situación que están viviendo, puede resultarte más fácil mantenerte en tu centro y acompañarlos con tu presencia y disponibilidad. Más adelante te pondré ejemplos de conductas y sus significados.

> ANTE UN PROCESO DE SEPARACIÓN,
> SE HACE MÁS IMPORTANTE QUE NUNCA
> ESCUCHARLOS CON LOS OÍDOS Y, SOBRE TODO,
> CON EL CORAZÓN.

No siempre te resultará fácil o incluso posible, especialmente en los momentos en los que te encuentres inmersa en una crisis. La información que te ofrezco no es para que te la tomes al pie de la letra; considero que la información es poder y resulta útil siempre y cuando la hagas tuya atendiendo a tu realidad del momento. Procura no exigirte más de la cuenta y busca el apoyo y ayuda que puedas necesitar en cada momento, ya sea por ti y/o por tus hijos.

En capítulos anteriores te contaba lo mucho que, pese a mi resistencia inicial, con el tiempo agradecí vivir en casa de mis padres tras la separación. Fue la salida que encontré por la circunstancia económica en la que me encontraba.

Y, sin embargo, pese a mi negación inicial, después lo agradecí mucho precisamente por esto que te cuento.

Me recuerdo en algunos momentos de aquella época viviendo más bien como una zombi, me dejaba llevar por la inercia y acompañaba a mis hijos con lo que yo era y como estaba en ese momento. Siempre procuraba mantenerme lo más cerca posible de mi centro, y creo que lo logré gracias a que no estaba sola. El apoyo de mi familia, mis amigas y los profesionales que me acompañaron entonces fue fundamental.

A pesar de que en aquella época no era capaz de comprender por qué mis hijos tenían un comportamiento disfuncional, sí entendía que era la manifestación del revuelo emocional que sentían. Por eso no me lo tomaba como algo personal ni tampoco me preocupaba más de la cuenta, pues entendía que la salida era cuidarme para poder ofrecerles lo antes posible lo que con su comportamiento me demandaban. Por eso puse toda mi energía en encontrarme y en echar raíces en mí misma, pues así podría ofrecerles mi mejor versión lo antes posible y ayudarlos como ellos necesitaban, con mi presencia y disponibilidad.

Te cuento esto porque no se trata de que siempre sepas leer el comportamiento de tus hijos y hallar la necesidad o necesidades auténticas que requieren ser atendidas, sino que cuando logres hacerlo será genial, y cuando no, al menos sabiendo lo que te cuento, podrás ser más tolerante ante las conductas disfuncionales que puedan tener. En cada momento, llegarás hasta donde puedas llegar. Ponle consciencia y estará bien.

No siempre las conductas que muestran el síntoma de necesidades insatisfechas son incómodas de acompañar. Destaco algunas de ellas que pueden ayudarte a identificar si tus peques te están pidiendo ayuda a través de estas:

Conducta de adulto o sobreadaptado

Hay niños y niñas, entiéndase también adolescentes, que no reaccionan en el momento de la separación, sino que parece que lo comprenden todo muy bien, se adaptan sin problema a la nueva realidad y facilitan enormemente la labor de sus progenitores.

Quienes muestran una conducta sobreadaptada parecen comprender todo lo que se les dice. No se enfadan, colaboran y complacen a los adultos. Pero estas criaturas no están cumpliendo con su papel de niño, sino que están adaptándose a las expectativas de sus referentes y buscan ser un elemento equilibrador en el resquebrajamiento familiar, justamente para no sentir la angustia que se podría derivar de esa situación.

Es muy posible que, si se comportan así, se resientan un tiempo después de la separación. Al percibir la amenaza de la inseguridad evitan vivir con ello, asumiendo un papel de adulto y recogiendo la responsabilidad de cuidar y consolar a los miembros del núcleo familiar.

Es habitual que actúen como si fuesen mayores, intentando complacer a su madre o a su padre y supliendo el lugar que ocupaba el otro cónyuge. A veces es por iniciativa propia, porque encuentran tristes a sus padres o porque sienten que de esa manera mantienen el equilibrio familiar. Para que esto no se convierta en una patología, es importante que se los escuche y se cree el clima necesario para favorecer que se expresen. Si te sientes triste puedes mostrarlo, claro que sí, pero sin cargar a tus peques con tu propia pena, para evitar precisamente que suceda esto.

En estos casos, también puede ocurrir que se quieran quedar en casa haciéndote compañía, pues pueden sentirse en la obligación de ejercer de padres de sus padres, algo que les causará dificultades en sus vidas adultas. Evítalo. Para ello, si no los dos, al menos tú transita el proceso de separación desde la persona adulta que eres. Si te centras en tus propias heridas, si, como te explicaba al inicio, te pones en el papel de la niña que fuiste, estarás obligando a tus criaturas a asumir un rol que no les corresponde.

Es frecuente también que estos peques sobreadaptados repriman en exceso su angustia. El hecho de que tengan una conducta excesivamente madura suele ser muy cómodo en el día a día de la convivencia, pero no es una actitud sana y tendrá consecuencias en un futuro. Lo sano es que puedan seguir viviendo su infancia o adolescencia desde donde les corresponde, sin tener que hacerse cargo de lo que no les atañe.

Para eso necesitan sentir que papá y mamá, o al menos uno de los dos, sigue ejerciendo su responsabilidad adulta y que hay espacio para su expresión emocional real y sincera. Necesitan que al menos tú seas cueva, seas ese refugio al que pueden acudir y simplemente ser.

Conducta regresiva

Regresión significa «vuelta a un estadio anterior»; en el caso de las criaturas, es volver a comportarse como cuando eran más pequeños.

La regresión es un mecanismo para evitar el aquí y el ahora que les puede estar causando dolor, angustia o culpa. Puede resultar tentador pensar que son llamadas de atención sin importancia, pero no lo son. Si están queriendo llamar tu atención es porque tienen alguna necesidad, es su forma de expresar que no están bien, que algo les pasa. Pero muchas veces no saben qué les incomoda en su interior; por eso es importante que la escucha sea siempre con los oídos y el corazón, para que puedas ver lo que hay detrás de su comportamiento.

Cuando son peques, muchas veces lo que adoptan son conductas de bebé. En esos casos necesitan mucho más sentir el cobijo de tu cuerpo. A veces basta con cogerlos en brazos, acurrucarlos contigo y mecerlos. Puede resultarte cansado; sin embargo, eso también pasará. No es malo que te necesiten más; si es un periodo sensible de su vida, es normal y bueno que atiendas sus necesidades.

> LA REGRESIÓN ES UN MECANISMO PARA EVITAR EL AQUÍ Y EL AHORA QUE LES PUEDE ESTAR CAUSANDO DOLOR, ANGUSTIA O CULPA.

Trata de no enjuiciar lo que hacen, sino de acogerlo. En función de cómo te encuentres será más o menos difícil, lo sé. Por eso es importante que tú te cuides y des salida a lo que sientes en un espacio de seguridad para ti.

Cuanto más luches contra lo que sientes, cuanto mayor sea tu expectativa de estar bien ya o de dejar de sentir tristeza, rabia, frustración, miedo o lo que sientas, más alargarás tu malestar.

Hay días que toca llorar y llorar como si nos hubiéramos dejado el grifo abierto, por ejemplo, y eso está bien. En la medida en la que juzgues cómo te sientes y te resistas a ello, más tiempo perdurará el malestar. ¿Cómo dejo de sentir la tristeza? Sintiéndola. No la puedes eliminar ni borrar de tu vida; para que deje de estar presente, necesitas dejarla estar; así pues, en lugar de resistirte, ríndete a ella.

Como madre seguramente te exijas estar bien para acompañar a tus peques tal y como deseas, pero para que esto sea posible y no te resulten tremendamente tediosas sus expresiones emocionales o sus conductas, necesitas dar cabida a lo que estás sintiendo.

Conducta ansiosa

La ansiedad en las criaturas no se muestra igual que en las personas adultas, y en muchos momentos se mezcla con otras emociones como el miedo, el enfado, la rabia y la culpa. Los niños que se sienten ansiosos pueden presentar conductas disruptivas como rabietas, enfados inesperados, y muchas veces exhiben cierta inestabilidad emocional o bien comienzan a presentar síntomas de ansiedad como morderse las uñas, sufrir tics o enuresis o disminuir su rendimiento escolar.

Evita tratar de controlar dichos síntomas, pues quizá llegues a eliminarlos, pero no estarás atendiendo la necesidad real. Negarlos o anularlos solo hará que el malestar permanezca o crezca y ellos busquen otras formas de llamar tu atención sobre la raíz de lo que les sucede.

Vive esta actitud como señales de SOS que te están lanzando y trata de averiguar lo que hay detrás de su comportamiento (la parte inferior del iceberg), así podréis atender su necesidad y el síntoma de su malestar desaparecerá.

Conducta manipuladora

Antes de hablar de esta conducta, quiero dejar claro que los niños y las niñas no son manipuladores y que todo su aprendizaje se da por imitación. Aprenden de las conductas de las personas adultas de referencia de su entorno. La manipulación nace de la imitación.

A veces, durante las separaciones y después de estas, las criaturas son víctimas de instrumentalización por parte de la madre o el padre, aunque, cuidado, esto también sucede cuando las parejas permanecen juntas. Sea como sea, si sucede, el peligro que puede surgir tendrá que ver con un conflicto de lealtades cuando alguno de los dos o ambos los fiscalizan hasta el punto de convertirlos en espías de sus exparejas.

Aprenden rápidamente qué es lo que deben decir a cada progenitor y qué tienen que callar, o qué contar o hacer para lograr lo que desean. Por ejemplo, pueden exagerar algo que han hecho con tu ex para que tú les ofrezcas lo mismo o más, y así obtener el doble de privilegio, o, al contrario, posicionarse como víctimas ante algo vivido con tu ex para que tú les des lo que piden. Situaciones que, aunque no sea agradable, hay que identificar para poder ayudarlos.

LA MANIPULACIÓN NACE DE LA IMITACIÓN.

De modo que, si observas que tus hijos desarrollan una conducta manipuladora, mira a ver qué pueden estar aprendiendo de ti y de su otro progenitor. Si podéis hacerlo en equipo los dos, será mejor, pero si la relación no lo permite por ahora, no pasa nada, al menos tú te has dado cuenta. Pon de tu parte para no ser un ejemplo de manipulación; en cuanto a tus peques, háblalo y dales el espacio de confianza para que puedan sentirse libres contigo y sin la necesidad de andar con verdades o mentiras a medias.

Sé su cueva. Si te cuentan que su otra figura parental les ha dicho que no cuenten según qué cosas o que te digan lo que sea, ya estás siendo ese refugio que necesitan de ti, por lo que ya estás haciendo algo que los puede ayudar. Ya has creado esa conexión emocional y de confianza que hace que acudan a ti. Es tremendamente desagradable y muchas veces también doloroso presenciar situaciones de este tipo; sin embargo, las criaturas no son estúpidas, y el tiempo también pone a cada persona en su lugar. Confía. Ocúpate de ser el ejemplo que tú quieres ofrecerles y deja que la vida se ocupe de lo demás.

Conducta irascible

Sucede también que se muestran más propensos al enfado, parece que cualquier cosa los hace estallar y que vierten sobre ti un volcán que no tienes ni idea de a santo de qué viene. Sobre todo sucede cuando regresan a tu casa, cuando te han echado de menos: se muestran irascibles y enrabietados, pero lo que les ha sucedido es, simplemente, que querían estar contigo y no podían.

No caigas en la culpa, léelo desde la responsabilidad y acompaña desde ahí su enfado. Esto no quiere decir que les permitas que te falten al respeto, esa permisividad se da con facilidad si te sientes culpable. Atiende su necesidad real validando lo que sienten, ponle palabras y mantente disponible.

> MUCHAS VECES EXPRESARÁN SU MALESTAR
> A TRAVÉS DE SU COMPORTAMIENTO,
> MÁS QUE CON SUS PALABRAS.

Según avance el periodo de adaptación, esas vueltas a casa con muestras de irascibilidad irán suavizándose hasta desaparecer. Aprovecha tales momentos para conectar. Requieren una paciencia y una presencia por tu parte que en el ajetreo del día a día es fácil desperdiciar. Ponle consciencia y apaga todos los pilotos automáticos de tu mente de «tengo que» para bajar al mínimo de revoluciones.

Si ves que esos momentos se repiten con cierta frecuencia a su regreso, póntelo fácil, no hagas planes para ese día, incluso para los dos o tres siguientes. Elimina cualquier expectativa y limítate a estar presente y centrada. Yo los llamo los *días de alfombra y sofá*. El único cometido que me proponía cuando mis hijos estaban en esa etapa era estar presente, me daban igual las lavadoras y cualquier cosa de la casa. Por supuesto, el móvil era como si no existiera, solo ellos y yo.

De hecho, a veces ir al parque en ese día de vuelta o los siguientes no es buena idea, pues no hay presencia real; tampoco es buena opción quedar con amigos. Necesitan volver a llenarse de ti, que ese sea tu foco. Puedes aprovechar cuando estés sin ellos para cocinar y así tener comida congelada y ponértelo lo más fácil posible.

La neurociencia nos dio una gran noticia cuando nos hizo saber que la plasticidad neuronal es un hecho. De forma muy resumida, es la capacidad flexible de nuestro cerebro para adaptarse a los cambios y el hecho de que las nuevas experiencias generan nuevas conexiones neuronales que hacen que la estructura cerebral pueda ser cambiante hasta el final de nuestros días.

Con esto trato de tranquilizarte si sientes que no puedes abordar ahora la raíz del comportamiento de tus hijos. Ya lo harás. Entender que su comportamiento es su forma de comunicarse contigo puede ayudarte a bajar el nivel de exigencia hacia ellos, y no pedirles más de lo que pueden dar en este momento. Y entonces tampoco te exijas a ti misma más de lo que puedes dar.

Busca apoyo en familiares, amigos o profesionales. Si estás en plena crisis interna, todo esto puede hacerse muy cuesta arriba. No quieras ser la madre perfecta, y menos ahora. Cuídate a ti también. Ten paciencia contigo y respeta tu propio proceso.

Recuerda: si resuena en ti esta conducta de tus peques, prepara a su regreso *días de alfombra y sofá*, es decir, de ir despacio sin expectativas y con presencia desde tu ser. Nada más y nada menos.

> EN CADA MOMENTO, LLEGARÁS HASTA DONDE PUEDAS LLEGAR. PONLE CONSCIENCIA Y ESTARÁ BIEN.

Ejercicios

Es de todos sabido que el ritmo frenético de la sociedad en la que vivimos hace que el ruido físico y mental no nos permita conectar con nosotros y los que nos rodean, relacionándonos desde la superficie, sin profundidad. Los últimos avances en la investigación de la neurociencia arrojan pruebas de que la meditación y la práctica del *mindfulness* nos ayudan a contrarrestar los efectos nocivos de lo comentado anteriormente, por lo que te propongo los siguientes ejercicios, aunque antes te confieso que tanto Rocío como yo nos iniciamos primero en la práctica del *mindfulness* y luego llegamos a la meditación, pues la primera nos resultó el paso intermedio que nos permitía llegar al silencio.

Respira

Busca un momento y un lugar tranquilo. Solo es necesario que dispongas de unos minutos sin que nadie te interrumpa. Respira profundamente intentando alargar dicha respiración lo máximo posible, al menos tres veces. Poco a poco siente tu cuerpo y quédate con el aquí y el ahora.

Intenta recordar y situarte en tu infancia y adolescencia, particularmente sobre el nivel de acompañamiento emocional que tenías en tu familia, en tu escuela...

Pregúntate: ¿con qué emociones me llevo mejor? ¿Con qué emociones me llevo peor? ¿Qué emociones de otras personas (hijos, expareja, familiares...) me hacen sentir incómoda?

Quizá descubras que sean las mismas emociones, lo cual significa que tienes ante ti un espejo en el que mirarte, o quizá no. En cualquier caso, observa qué sucede en tu cuerpo, en qué lugar lo sientes y qué sensación es.

Cuando reaccionas ante las emociones de los demás, tienes la oportunidad de pararte y mirar qué resonancia se produce en ti. Fíjate especialmente en qué sientes cuando estás por ejemplo ante alguien que se enfada, o cuando tu hijo se acerca a ti de manera quejumbrosa. Es un buen momento para preguntarte con qué te conecta y de qué tienes miedo.

Si profundizas un poco más podrás comprobar si escondes tus emociones o si existe alguien con quien te sientes cómoda para hablar sobre ello. O por el contrario puedes descubrir que no te sientes bien hablando sobre tu sentir y tus emociones. Este trabajo de profundización te puede abrir los ojos y ayudar a descubrir aquellas áreas en las que debes crecer y quizá buscar ayuda. Poco a poco irás avanzando, creciendo y mejorando; así podrás ofrecer un modelo más acorde a lo que deseas, algo de lo que tus criaturas puedan aprender.

Escribe tus tres listas

1. En la primera de ellas apunta al menos diez cosas que has ganado (por ejemplo, más tiempo para cuidarte o alguna afición que hayas recuperado).

2. En la segunda apunta al menos diez cosas que te alegras de haber perdido (por ejemplo, tener que ir a ver a algún familiar o amigo de tu ex).
3. En la tercera apunta al menos diez cosas con las que puedes crecer gracias a tu separación (por ejemplo, ahora puedo ser verdaderamente autónoma).

7

CUESTIONES PRÁCTICAS

Con este capítulo quiero ayudarte con aspectos prácticos que te puedan facilitar tomas de decisiones o que te sean útiles para el día a día.

Herramientas para casa

Los cuentos, el juego, los dibujos y las excursiones a la naturaleza son buenos recursos para poner en orden el mundo emocional interno de las criaturas.

Los **cuentos** son útiles porque, a través de la proyección, al leer historias de otros niños en su misma situación pueden integrar y expresar cómo se sienten y lo que están viviendo. Hoy día existen muchos que se pueden tener en casa para ayudarlos; nuestros favoritos son *El espejo en casa de mamá. El espejo en casa de papá* y *Hay amor para todos*. Son los que más han ayudado a mis hijos. De hecho, cuando noto que están rumiando algo y no tengo muy claro de qué se trata, les leo uno de esos cuentos y... *voilà!*, es como magia. No necesito preguntarles directamente, son ellos los que me cuentan cosas al respecto o me hacen preguntas acerca de su padre y de mí. Sin embargo, si hago una pregunta directa del tipo ¿qué te pasa?, o ¿qué te preocupa?, es mucho más difícil que me lo cuenten.

A continuación, te dejo una lista con los cuentos que tratan el tema de las separaciones; ahora bien, un cuento jamás debe sustituir a una conversación o al acompañamiento emocional. Simplemente, es un apoyo o un recurso extra.

Y no hay cuentos estándares, de la misma manera que no hay una separación estándar, por lo que antes de hacerte con uno de ellos échale un vistazo y mira si tiene algo que ver contigo y vuestra familia.

Cuentos sobre separaciones de papá y mamá:

- *El espejo en casa de mamá. El espejo en casa de papá*, Luis Amavisca
- *Hay amor para todos*, Sanj Pregel
- *El hilo invisible*, Míriam Tirado
- *Mis padres ya no viven juntos. Ahora son amigos*, Carles Soro Sansó
- *Tengo dos nidos*, Ingrid Osgood
- *Mis dos nidos*, Marta Aguilera
- *Lili entre dos nidos*, Jonna Lund Sorensen
- *Cuando el corazón tiembla*, José Luis Gonzalo Marrodán
- *Estoy triste, mis padres se separan*, Laura Klamburg
- *Si mamá dice blanco, papá dice negro*, Pilar Serrano Burgos
- *Cuando mis padres dejaron de ser amigos*, Jennifer Moore-Mallinos
- *El mar a rayas*, Susana Barragués Sainz
- *Papá ya no vive con nosotros*, Manuel L. Alonso
- *Mamá y papá se separan*, Raquel Díez Real
- *Algo pasa en casa, el divorcio de mis padres*, Gloria Mercedes Isaza Posse

- *El niño y la bestia*, Marcus Sauermann
- *Valentina tiene dos casas*, Paula Carbonell
- *El divorcio de mamá y papá oso*, Cornelia Maude Spelman

El **dibujo** es otra herramienta poderosa para expresar su sentir. Pueden dibujar o pintar a partir de una consigna que les des o pueden hacerlo a su libre albedrío. Otra manera posible de trabajar con el dibujo es que les cuentes una historia, su propia historia, cuyo protagonista sea otro ser, persona o animal, y que mientras les cuentas la historia dibujen lo que están escuchando.

La mayoría de las veces, lo que mejor funciona es que lo hagáis juntos. Les encanta que hagamos cosas con ellos, así que es una gran oportunidad para enriquecer vuestra conexión emocional y ayudarlos a integrar la situación.

Puedes crear tú el **cuento de la historia de su vida**. Así, en folios doblados por la mitad, o como quieras, les puedes contar los hitos de su vida, desde su gestación, poco antes o poco después, hasta ahora. Ver la historia de su vida desde fuera tal vez los ayude mucho a integrar el último hito, la separación, en caso de que no la tengan integrada.

A veces sucede que no quieren leer ese cuento. Si esto pasa, no te preocupes, todo te puede dar pistas de dónde están internamente. Quizá ahora mismo lo rechacen porque no quieren hacer frente a ello por el malestar que les genera, o porque están en otro momento. No los fuerces, deja el cuento disponible y ofrécelo de vez en cuando, según lo vayas sintiendo tú. Confía en tu intuición.

También puede pasar que les guste, pero que la parte del cuento que les desagrada la pasen deprisa y corriendo. También está bien, sigue dándote información acerca de dónde se encuentran. En cualquier caso, déjalo a mano para que puedan recurrir a él cuando así lo deseen.

Jugar es otra gran herramienta para momentos así. Hablo de jugar por el mero hecho de jugar, algo que ayuda a establecer vínculos, como jugar con una casa y muñecos o con las figuras de Playmobil. A través de este tipo de juego simbólico sacan su mundo interior, por lo que puede ser una forma de proyectar en esos muñecos su propio sentir. Esto los ayuda a poner orden en su interior.

Tanto el ejercicio como los juegos al aire libre y que impliquen movimiento alivian mucho la actividad cognitiva y la carga emocional; además, relajan y crean el contexto para favorecer una buena charla, a veces sin necesidad de prepararla.

Las **excursiones a la naturaleza** son otro gran recurso que utilizar con la mayor frecuencia posible a lo largo de toda la vida, y en situaciones así aún más. Algo tan sencillo como salir a pasear, hacer un pícnic y jugar con lo que os vayáis encontrando por el camino es muy recomendable. En la naturaleza se aprecian con mucha facilidad los ciclos de la vida, el inicio y el fin, la vida y la muerte, por lo que cualquier circunstancia natural como las hojas de los árboles caídas, algún insecto o animalillo muerto que os encontréis, alguna flor seca... puede dar lugar a conversaciones que lo ayuden a integrar la etapa que estáis viviendo.

Cuando acabas de tomar la decisión

Una vez que la decisión es un hecho se abre un abanico con muchas aristas; no trates de tener claras todas las decisiones de una vez porque es demasiado y te sentirás abrumada. El final de una relación de pareja, máxime cuando hay hijos en común, cuenta con muchas áreas que requieren atención, como los aspectos emocionales, de vivienda, legales, económicos y todo lo que concierne al cuidado a los menores.

Por ello trata de priorizar e irlos abordando de uno en uno. Yo siempre digo en mis sesiones que conviene cerrar el abanico e ir abriéndolo poco a poco para atender arista a arista.

Las cuestiones importantes que conviene aclarar de inicio en pareja son las relacionadas con el cuidado de los hijos y las hijas; para ello es fundamental tener en cuenta la etapa evolutiva en la que se encuentran para cubrir sus necesidades, aspectos relacionados con la vivienda o las viviendas, dónde vais a vivir cada uno y la organización económica.

En este último sentido me parece importante apostillar que, cuando la madre ha dejado de trabajar fuera de casa para dedicarse a la crianza de las criaturas, este es un elemento importante que tener en cuenta a la hora de establecer los acuerdos, pues, gracias a que ella estaba en casa cuidando de esta y de los peques, la pareja podía salir a trabajar y seguir desarrollando su carrera profesional. Ambos aportaban, cada uno de una manera distinta, pero las dos necesarias para mantener a la familia.

Tener en cuenta esto es más sencillo cuando se buscan alternativas legales diferentes a la corriente tradicional y de las que te hablo más adelante. Cuando hay hijos en común es importante darle forma legal a la separación, aunque *a priori* lo habitual es sentir miedo. Dicho miedo suele sentirse porque estamos ante algo totalmente desconocido para la mayoría y porque rápidamente vemos la imagen de un juicio y alguien sentenciando cómo nos relacionaremos como familia en adelante. Sin embargo, no tiene por qué ser así; de hecho, lo ideal es no necesitar llegar a juicio, aunque esta opción a veces resulta inevitable.

En la medida en que puedas evitarla, mucho mejor; ahora bien, eso no quiere decir que os quedéis con vuestro acuerdo verbal, eso no suele ser una buena opción. Según avances en este capítulo, sabrás por qué lo digo. Hay abogadas magníficas con mucha sensibilidad que te pueden ayudar haciéndote el camino menos tedioso.

La elección del abogado/a

Ni Miguel Ángel ni yo tuvimos suerte a la hora de elegir profesional legal que nos acompañara en cada uno de nuestros procesos de divorcio; aunque, bueno, no es cuestión de suerte, sino de contar con la información necesaria para elegir conscientemente, y en aquellos momentos ninguno de los dos ni nuestras parejas de entonces contábamos con ella.

Como en cualquier otra profesión nos podemos encontrar con personas más o menos formadas y con más o menos consciencia. En el ámbito del derecho de familia sucede que hay muchas personas que no están especializadas, pero aun así acompañan procesos de separación o divorcio. Es algo que no sucede, por ejemplo, en el derecho mercantil, donde puede haber en juego muchos miles y millones de euros; o en el derecho penal, en el que se puede decidir sobre años de cárcel; o en el derecho tributario... En esos campos no vamos a encontrar abogados que estén ejerciendo sin ser especialistas.

En derecho de familia lo que está en juego tiene que ver con cuestiones emocionales y psicológicas, y da la impresión de que estas carecen de valor, y de que cualquier abogado/a puede acompañarte en un proceso así. Pero no. Que las cuestiones sobre las que hay que llegar a acuerdos no sean tan tangibles, como los tiempos de cuidados de los menores, hace que cualquier abogado en ejercicio se sienta con la facultad de acompañar un proceso de separación o un divorcio, porque técnicamente es así, pero no lo podrá hacer de una forma eficiente.

También hay mucho en juego, aunque no sea tanto dinero ni la cárcel, pero sí el bienestar de la familia, que no es poco. Por eso te animo encarecidamente a que, si buscas una abogada o abogado, lo hagas con consciencia y no te conformes con cualquiera. Es más, nosotros le damos importancia no solo a que sea especialista en derecho de familia, sino a que sea mediadora familiar o coordinadora de parentalidad.

La figura de la mediadora familiar facilita mucho el proceso de llegar a acuerdos y busca siempre la atención a las necesidades de las criaturas, atendiendo también las de los progenitores y la familia en sí, siempre y cuando esto no suponga un detrimento de quien requiere más atención y cuidados, los menores.

La figura de la coordinadora de parentalidad va un paso más allá; en el establecimiento de acuerdos, no solo rige lo que un convenio regulador al uso, es decir, tiempo de cuidados y dinero en relación con este, sino que tiene en cuenta el estilo educativo y las circunstancias familiares vividas hasta el momento de la separación, para así establecer acuerdos en cuanto a tiempo y dinero, pero también en relación con los cuidados, crianza y educación de los menores.

Lo ideal sería poneros en manos de una coordinadora de parentalidad o mediadora familiar o, en caso de que no sea posible, al menos una abogada común que mire por los intereses de todos los miembros de la familia. Si, por lo que sea, finalmente cada cual vais con una abogada distinta, intenta que al menos la tuya no tenga predisposición a entrar en una guerra.

Ya el argot jurídico predispone a la lucha, se habla de ganar y perder o de la parte contraria cuando se refiere a la que ha sido tu pareja, cuando realmente si se llega a juicio todas las partes pierden, pues es un tercero ajeno a la familia quien establece las pautas sin atender a las circunstancias particulares del caso. No se trata de luchar, sino de entender que sois compañeros en esta etapa en la que necesitáis llegar a acuerdos, y sobre todo vuestros hijos necesitan que lleguéis a acuerdos en pro de vuestra familia.

Tenemos la suerte de que gracias a Creada conocemos a muchas abogadas con una mirada consciente y de gran sensibilidad, pero, por desgracia, no es de lo que más abunda.

En el proceso, la familia no debe buscar el acuerdo más justo, sino el que atienda mejor las necesidades de las criaturas y que sea capaz de incorporar mejor las peculiaridades de sus vidas. Para esto no hay que tener una relación idílica: conocemos a muchas familias que han logrado llegar a acuerdos en una situación de mucha tensión, y es que el momento de llegar a acuerdos es uno de los más sensibles y difíciles del proceso. Incluso puede que el más complicado de todos, por el dolor que hay detrás. Por eso un buen asesoramiento es clave para lograrlo.

Convenio regulador

En Creada nos encontramos con frecuencia parejas que deciden no firmar un convenio regulador ni separarse de forma legal, pues consideran que, como se llevan bien, bastan los acuerdos verbales.

Nosotros decimos que precisamente porque hay buena relación es mejor firmar el acuerdo en ese momento y no esperar, pues si las circunstancias cambian y la relación se deteriora, algo habitual cuando una de las partes inicia una nueva relación de pareja, entonces será mucho más difícil lograr llegar a acuerdos de forma flexible y consensuada. Así pues, mejor aprovechar esa buena relación cuando esta se da.

En cualquier caso, cuando una pareja finaliza su relación y hay menores, nuestra propuesta es que establezcáis un convenio regulador, que es el documento legal que le da forma a vuestra responsabilidad parental.

Para ello hay muchas formas de hacerlo, como te contaba en el epígrafe anterior hay maneras muy amables de llevarlo a cabo, como a través de una coordinadora de parentalidad o mediadora familiar, por ejemplo. Y la idea es que lo hagáis y después se quede guardado en un cajón porque no necesitáis acudir a él.

Sin embargo, ahí estará en caso de conflicto o falta de acuerdo; yo digo que el convenio regulador es como el libro de instrucciones de un juego de mesa: lo leemos una vez y a partir de ahí jugamos, y solo en caso de duda y falta de acuerdo recurrimos a él.

> PRECISAMENTE PORQUE HAY BUENA RELACIÓN ES MEJOR FIRMAR EL CONVENIO REGULADOR EN EL MOMENTO DE LA SEPARACIÓN Y NO ESPERAR.

Los niños y las niñas necesitan cierto orden y estructura, y esto queda reflejado en el convenio. Lo que se flexibilice a partir de este será bienvenido, pero es importante que haya una base por escrito para evitar andar cambiando según el estado de ánimo de las figuras parentales o en función de otras variantes ajenas al bienestar de los hijos.

Elección de custodia

Aunque aún queda mucho camino que recorrer en el ámbito legal en pro de las familias, actualmente se puede flexibilizar mucho más.

Antes de decidir qué tipo de custodia elegir, es decir, de establecer los tiempos que cada progenitor estará a cargo de los menores, es importante tener en cuenta varias cuestiones:

1. Lo que siempre debe estar en el centro de cada una de las decisiones son las necesidades de los menores.
2. No se trata de que haya vencedores y vencidos, sino personas que se presuponen responsables y que tratan de llegar a acuerdos. En un momento que puede ser doloroso, es fácil caer en el miedo y tomar las decisiones desde ahí, lo que dificultará el proceso; por ello, un buen asesoramiento te puede (os puede) ayudar a manteneros en la visión constructiva del amor.
3. Ten en cuenta que cada familia es única, por lo que no se trata de que os amoldéis a un estándar, sino que conversación tras conversación vayáis acordando cada punto. No hay una verdad absoluta que defina un modelo perfecto de convenio, será perfecto el que más os cuide como familia atendiendo las necesidades de vuestros hijos en primer lugar. No se trata de los derechos del padre o de la madre de estar con sus hijos, sino de, según la edad de estos, atender la etapa evolutiva en la que se encuentran para cuidarlos de la mejor manera posible según vuestras circunstancias.
4. Los acuerdos no son intocables: creer que es así es uno de los motivos más comunes por los que las personas se muestran reticentes a darle forma legal a la separación. Las necesidades varían con el tiempo, y lo ideal es que, según este avance, os podáis ir amoldando. Tal vez ahora te parezca imposible, pero las circunstancias y las relaciones también van variando con el tiempo.
5. Sería genial que tuvierais en cuenta el tiempo disponible real con el que cuenta cada uno para cuidar a los hijos y las hijas.

Iñaki y Nuria se separaron tras el confinamiento de la primavera de 2020; entonces su hija tenía tres años y firmaron una custodia compartida.

Decidieron pedir ayuda profesional porque la niña mostraba conductas ansiosas; la propuesta fue que la pequeña siguiera viendo a su papá cada día que ambos establecieran, pero que pernoctara siempre en su casa de mamá.

Lo probaron y la ansiedad de la pequeña desapareció. Después de varias sesiones establecieron una custodia compartida progresiva, algo que varía mucho en función de las necesidades de cada familia.

En su caso establecieron que la custodia compartida total sucedería cuando la niña cumpliera los seis años; en el momento presente, seguiría viendo a papá todos los días, pero pernoctaría con mamá. Cada seis meses introducirían un cambio en este sentido hasta que a la edad de seis años se alcanzara la custodia compartida total.

Para Iñaki renunciar a dormir con su pequeña (era su deseo de padre, pero sabía que entraba en conflicto con la necesidad de su hija) fue un trago amargo que decidió asumir. Fue capaz de distinguir entre su deseo y la necesidad de su hija de estar más tiempo con mamá.

La biología no es políticamente correcta y la necesidad de mamá en los dos primeros años, por ejemplo, no es la misma que a los cuatro y mucho menos que a los seis o siete. En la medida en la que pueda respetarse, será mucho mejor, aunque no siempre es fácil ni posible; por ello te animamos a que, si no podéis llegar a acuerdos solos, busques ayuda. Puede que tu pareja no la quiera, pero al menos tú puedes mantenerte en tu centro y discernir acerca de qué está en tu mano y qué puedes hacer en vuestra situación.

Actualmente hay muchos modelos de custodia, lo importante es que con ayuda profesional o sin ella podáis consensuarla. Esto suele requerir tiempo, a veces mucho, pues son muchas decisiones, pero puedo afirmar con rotundidad, a partir de mi experiencia profesional, que hay muchas parejas que logran llegar a acuerdos. Claro que estos no siempre están exentos de momentos de tensión, no pretendo que idealices un proceso que es todo menos romántico. Simplemente quiero que sepas que es posible y que, aunque cada vez la custodia compartida es más frecuente, hasta esta puede hacerse de una manera más flexible para que la familia se adapte a ella y no al contrario. Además, tengo la suerte de ser testigo de cómo padres que desean la custodia compartida, porque desean disfrutar y ejercer su paternidad, son capaces de poner por delante las necesidades de sus peques y establecer la custodia compartida progresiva como medida intermedia.

La custodia compartida puede hacerse quincenal (los hijos están quince días en una casa y quince en otra), semanal o alternando 2-2-3, es decir, lunes y martes en su casa de mamá, por ejemplo, miércoles y jueves en su casa de papá, y los fines de semana de forma alterna en su casa de papá y en su casa de mamá. Con este último modelo, el máximo que pasan sin papá o sin mamá es cinco días, y tienen claro que lunes y martes estarán en una casa, miércoles y jueves en la otra, y lo que intercambian son los fines de semana; el resto de los días es idéntico de una semana a la otra.

Aunque, como te decía antes, no se trata de aplicar un modelo estándar, sino de crear el que más le conviene a tu familia. Cuando se quiere llegar a la custodia compartida, o esto es lo que pide uno de los progenitores, un término medio es esta custodia compartida progresiva, respetando el tiempo en que los menores son muy pequeños, y siempre pensando en sus necesidades.

Por desgracia nos hemos encontrado con clientas que llegaban diciéndonos: «Es que mi abogado/a me dice que lo habitual es custodia compartida de semanas alternas y que una tarde a la semana los menores estén con el progenitor que no los tiene esa semana». ¿Habitual? ¿Dónde queda en eso de habitual la atención a las necesidades de los menores y de la familia? Por esto y por otras cuestiones te insisto en que antes de tomar decisiones importantes te informes y elijas de forma consciente.

En relación con las custodias, nos suelen preguntar que, cuando se tiene una custodia compartida semanal, cuándo comienza la semana. Es una decisión muy personal y no hay un criterio genérico. Ahora bien, nosotros tenemos una opinión clara: el intercambio es mejor en viernes. De este modo, después de una semana sin veros, tus peques y tú vais a tener todo el fin de semana por delante para llenaros de amor compartiendo tiempo juntos. Cuando se hacen los intercambios los domingos al final del día o los lunes, rápidamente nos vemos envueltos en la vorágine de los horarios y quehaceres escolares y profesionales.

En este sentido, hay que apuntar que utilizar el horario escolar como intercambio puede ser una buena opción. Es decir, uno deja a los peques en el cole y el otro los recoge. Cuando la tensión entre ambos es evidente, esta opción resulta de gran ayuda para poner distancia y no veros con tanta frecuencia.

¿Deben decidir los menores qué es lo que prefieren?

Como madre y profesional considero que los niños y las niñas deben sentirse escuchados, atendidos y vistos, sentirse parte activa de la familia; ahora bien, hay decisiones que requieren una responsabilidad y tomarlas les pesaría demasiado y les perjudicaría más que otra cosa.

Por ello te animo a que escuches a tus hijos, tanto desde la observación como desde la escucha activa, pero siempre deben saber que la decisión es vuestra, pues precisan que seáis ese lugar en el que pueden dejarse caer. Si quieres más información en relación con la etapa infantil y la adolescente, consulta el capítulo en el que desarrollo el tema del conflicto de lealtades.

Ubicación de la nueva vivienda

He escuchado muchas veces aquello de que tras la separación lo ideal es que quien salga de la que ha sido la vivienda familiar busque otra en el mismo barrio o lo más cerca posible de la anterior, para así evitar cambiar el contexto del día a día de los hijos y las hijas.

Comparto la idea de que, ya que la separación de las figuras parentales supone de inicio un cambio muy grande y requiere un periodo de adaptación, hay que intentar sumar los menos cambios posibles. Ahora bien, esto no siempre está al alcance de la familia; si es tu caso, entiende que para tus peques son cambios que se suman a la sensación de inseguridad y que requerirán más presencia, tiempo y paciencia por tu parte para lograr la adaptación.

En la medida en que puedas hacer estos cambios de forma progresiva, aunque sean varios a la vez, mucho mejor. Escúchalos y obsérvalos desde la confianza de que todo se irá dando.

No trates de amoldarte a teorías cerradas; si cada persona es un mundo, cada familia lo es aún más, y las circunstancias varían muchísimo. Lo que tus peques necesitan de ti es que seas feliz, y si lo que ahora a ti o a su padre os hace felices es vivir por fin en el campo, en el pueblo o en la ciudad, un deseo que llevaba años silenciado, tal vez sea el momento de llevarlo a cabo, porque ese sueño cumplido te permitirá a ti (o a él) sentirte más satisfecha y por lo tanto mejor contigo y tu vida, y de eso se trata en definitiva.

8

PAPÁ O MAMÁ TIENE UNA NUEVA PAREJA

Este suele ser otro hito importante tras la separación, el momento en el que uno de los dos inicia una nueva relación o presenta a la nueva pareja.

La vida continúa después de la separación y no es algo por lo que debas sentirte culpable ni que tengas que reprochar a la otra parte. Es verdad que puede dolerte ver que la otra persona está bien sin ti, ese dolor nace del ego y está basado en el miedo. Yo apelo a que acudas a tu esencia y veas la situación con la mirada del amor, la única que te traerá paz y sosiego.

Vuestra vida avanza hacia delante, y es positivo para tus peques que así sea, pues verte a ti feliz les da alas para ser felices ellos también, para no conformarse y elegir aquello que les hace bien.

> SI VAN A SABER ALGO, MEJOR QUE SEA POR TI ANTES QUE POR OTRA PERSONA O PORQUE LOS HECHOS LO DEJEN CLARO.

La llegada de una nueva pareja puede provocar determinadas reacciones, sobre todo en quienes no tengan la herida de la separación totalmente cerrada, es decir, no hayan pasado el duelo. Una vez más, es crucial que los adultos os comportéis como tales y os comuniquéis desde la persona adulta que sois y no desde vuestras heridas, desde vuestro niño o niña interior, pues es cuando actuáis así cuando existe el peligro de dañar a los más indefensos ante esta situación.

Recuerda que, si la otra parte no es capaz de actuar desde la persona adulta que es, el que tú te mantengas en tu centro y dejes tus heridas a un lado es un regalo para tus peques que les permitirá seguir creciendo con seguridad, pues al menos tienen un referente que les da lo que necesitan.

Cuando actuamos de una manera conflictiva, lo estamos haciendo desde nuestras heridas, desde el dolor que tenemos y que, para no sentir, disfrazamos de rabia hacia otra persona. Si el padre de tus criaturas (o la madre) vuelca su rabia en ti, pon los límites que tengas que poner y dite, como si de un mantra se tratara, que no es algo personal contra ti. Y es que, aunque parezca que sí lo es, realmente quien está actuando y hablando es su dolor y su sufrimiento. En este sentido, practicar el perdón puede ayudarte mucho.

Eso no quiere decir que le permitas faltas de respeto, en absoluto, no se trata de que pongas la otra mejilla, sino de que te cuides y protejas. Y el primer paso para ello es que no asumas que el problema eres tú o lo tienes tú, sino que mires mucho más allá de su comportamiento y le pongas los límites necesarios.

Tal vez pienses que tú ya has transitado el dolor y que, pese a todo lo que has pasado y sentido, ahí estás, sin fastidiarle a nadie. Pues esa es la suerte con la que cuentan tus peques: al menos tú puedes ofrecer el sostén y la paz que necesitan, lo que repercutirá en su bienestar, sin duda.

> QUIEN INICIA UNA NUEVA RELACIÓN PUEDE CONTARLO A LA OTRA PARTE PARA QUE, CUANDO LOS PEQUES LO COMENTEN EN LA OTRA CASA, NO HAYA CARAS DE SORPRESA.

En cuanto a presentarles o no a tu nueva pareja, piensa que tus hijos, como todos los niños y niñas, saben cosas aunque no se las contemos. Perciben los cambios y cómo nos sentimos. Si bien no pueden saber con detalle qué está sucediendo, sí pueden intuir que algo ocurre, aunque no puedan intelectualizar qué.

Así pues, tenlos en cuenta y diles la verdad hasta donde puedan saberla. Eso es mejor que pensar: «Total, son muy peques, no se van a dar cuenta». Si van a saber algo, mejor que sea por ti antes que por otra persona o porque los hechos lo dejen claro. Es una oportunidad para estrechar el vínculo y sembrar confianza en vuestra relación.

Por ello no les presentes a tu nueva pareja diciendo que es un amigo o amiga si estáis enamorados, pues lo verán. Eso se nota y las criaturas lo perciben con más facilidad que cualquier otra persona adulta.

Si les mientes o les ocultas información que pueden percibir por sí mismos, sentirán que no los tienes en cuenta o que no confías en ellos, o, peor aún, que les mientes. Para tejer una relación sana y una buena conexión emocional, la confianza es fundamental, y este tipo de cuestiones la pueden deteriorar. Pero, tranquila, si ya te ha pasado y al leerme piensas que has metido la pata, recuerda que todo se puede reparar, y más aún con las criaturas, que no tienen dentro el veneno del rencor.

Ahora bien, si se trata de una persona con la que sales pero todavía no hay expectativas de que sea una relación estable y duradera, y aun así quieres compartir tiempo con ella y tus peques, puedes contarles que es una amiga o amigo que es importante para ti y que por eso te apetece que lo conozcan, por ejemplo. Básate en tu verdad y ten en cuenta su edad a la hora de comunicarte.

No existe un manual, la mejor guía está en tu interior. Trata de apagar o bajar al máximo el volumen del ruido mental, ese lugar donde están los juicios y los miedos; escucha tus tripas y obra desde ahí. Solo necesitas tener en cuenta que, tras un proceso de separación o de divorcio, tus peques han vivido un momento vital de cambio muy grande, lo que genera mucho revuelo emocional por los motivos que te he ido contando en capítulos anteriores, como el cambio de estructura y orden familiar.

Por eso, porque tener una nueva pareja puede suponer otro movimiento importante, te animo a que cuides el momento de presentársela. Hazlo con naturalidad y conscientemente. Así estarás cuidando el momento; a partir de ahí, naturalidad. ¿Cuándo darles la noticia? No existe una regla que asegure cuál es el mejor momento. Observa a tus peques o no tan peques para ver lo integrada que tienen la separación, ya que puede suponer un cambio grande en sus vidas. En función de eso, espérate más o menos. No se trata de que les pidas permiso, pero sí de que los cuides ante los cambios importantes que están viviendo.

De hecho, la mayoría de los niños y las niñas lo viven con total naturalidad e incluso con mucha alegría, y podrían vivirlo siempre así; sin embargo, muchas veces se tuerce por la contaminación adulta. Cuando aparecen los egos adultos, las criaturas son las primeras afectadas; por eso es importante que al menos tú te mantengas en tu centro. Ya seas tú quien inicia otra relación de pareja, ya sea tu ex.

Teniendo en cuenta que las criaturas suelen contar lo vivido con total naturalidad, es fácil que la información de una nueva pareja llegue a la otra parte. Quien inicia una nueva relación puede contarlo al otro para que, cuando los peques lo comenten en la otra casa, no haya caras de sorpresa. Así se puede aprovechar este momento como una oportunidad para hacerles ver que está bien y es algo nuevo y bueno.

De esta forma, en los casos en los que la noticia cae como un jarro de agua fría, hay tiempo para que quien la recibe pueda volver a serenarse y a centrarse sin que los peques estén presentes. En caso contrario, estos pueden percibir que algo pasa, que algo está mal o cualquier otra cuestión, y que por desconocimiento les genere inseguridad o les haga crearse su propia película, muy alejada, o no, de la realidad. En cualquier caso, una película que no les corresponde y de la que deben estar al margen.

Que llegue una nueva pareja no quiere decir que tu lugar como madre o su lugar como padre peligre. Ese es el gran miedo, miedo a que quiera más a la otra persona. Una vez más, es la niña interior la que se despierta y teme que la abandonen, no ser suficiente. Sin embargo, esto no pasa, pues tanto la madre como el padre ocupan un lugar sagrado en el corazón de sus hijos.

Si lo que te preocupa es que acepten a tu nueva pareja o que vuestros hijos congenien, has de procurar que no sientan conflicto de lealtades, validarles lo que sienten y cómo se encuentran en cada momento y respetarlos. Forzar la situación solo alimenta la distancia y la tensión entre los nuevos vínculos. Da tiempo a cada miembro de la familia y vive lo más posible en el presente, así podrás eliminar expectativas. La relación que tengáis ahora no tiene que ser igual siempre; siembra lo que quieras sembrar y deja que florezca lo que corresponda en cada momento.

No está bajo tu control el tipo de relación que tengan ni con tu pareja ni con sus hijos. Respetándolos y escuchando sus necesidades e intereses podréis crear espacios de conexión emocional. La risa y la diversión une mucho, por lo que propicia encuentros de disfrute y suelta todo lo demás.

El rol de la madrastra

Los miedos que te comentaba antes se ponen más de manifiesto entre las mujeres, entre la madre separada y la madrastra, puesto que la mayoría de las mujeres hemos crecido y sido educadas en un entorno de rivalidad entre nosotras y de imperfección por el hecho de ser mujeres. De hecho, esto último suma aún más a dicha rivalidad.

Nos hemos creído el mensaje patriarcal de la competitividad y la lucha de poder olvidándonos de nuestra propia esencia: el amor.

Juntas, las mujeres sumamos mucho más. Las redes que podemos tejer entre nosotras son realmente maravillosas, pero para ello necesitamos desaprender eso tan arraigado en nuestro inconsciente que nos dice: «Si ella está allá arriba, entonces yo estoy aquí abajo»; eso solo conduce a rivalizar.

No, no tiene por qué ser así. Cada persona es única e irrepetible, y cada una de nosotras aportamos cosas muy diferentes, o similares, pero desde nuestra esencia única e inigualable, lo que nos convierte a su vez en únicas.

Todas las personas somos complementarias, y el mundo necesita de la luz de todas y cada una. La luz de una mujer no apaga la luz de otra, más bien lo contrario. Yo veo a las mujeres como antorchas, y cuando una se permite prender su luz, su fuego, permite que otras puedan prender su propia luz a partir del fuego de la de al lado.

Partiendo de la base de rivalidad y de la competitividad en la que hemos crecido las mujeres en Occidente, es normal que, ante la llegada de una nueva figura femenina a la familia, como es la madrastra, el miedo aparezca por la puerta grande.

Precisamente, de dicha rivalidad entre mujeres es de la que se ha alimentado Disney para potenciar la imagen de madrastra como figura malvada en sus historias. ¿Quién no recuerda a la odiada madrastra de Cenicienta?

Sin embargo, una madrastra no es más que una mujer que inicia una relación de pareja con otra persona que tiene peques de una relación anterior. Y no llega para quitar el lugar de nadie, ni para restar, sino todo lo contrario, está ahí para sumar.

La llegada de la madrastra a la familia puede aportar mucho, porque el amor no se divide, el amor suma y se multiplica cuanto más damos. Por eso, ante su llegada, lo que sucede es que nacen nuevos vínculos y nuevas figuras de referencia para las criaturas.

> LA MAYORÍA DE LAS MUJERES HEMOS CRECIDO Y SIDO EDUCADAS EN UN ENTORNO DE RIVALIDAD ENTRE NOSOTRAS Y DE IMPERFECCIÓN POR EL HECHO DE SER MUJERES.

Las dificultades surgen principalmente en dos sentidos.

Por un lado, en la madre separada, quien, ante la llegada de una nueva figura femenina en la vida de sus peques, teme que su lugar como madre sea usurpado. Es fácil que conectes con tus miedos, que tienen más que ver con la niña interior, con la herida primaria. Miedo al vacío, al abandono, a no ser suficiente, a que ya no la quieran, a que la otra persona sea mejor que ella...

Por otro lado, en la madrastra, quien carga con un rol

que no ha elegido de primeras, sino que le ha venido dado al enamorarse de una persona que ya tenía peques. Un rol que conlleva numerosas cargas sociales y prejuiciosas que dificultan saber cuál es su papel en la nueva familia que ha nacido con su llegada.

Los miedos son los mismos y proceden del mismo lugar: la niña interior herida. Entonces se ponen de manifiesto sus inseguridades, y el miedo tanto a no hacerlo bien como a no ser suficiente, entre otros.

Como ves, tanto de una mujer como de otra lo que se mueve ante el rol de madrastra es miedo, miedo y más miedo. ¿Y ahora qué?

Puedes quedarte con la visión del miedo, con la que nunca encontrarás paz, plenitud ni satisfacción, sino una inquietud constante que sentirás con más o menos fuerza, o bien puedes cambiar tu visión para, siendo la situación la misma, mirarla con unas gafas diferentes, las gafas del amor.

Para poder hacer ese cambio es «importante» que primero puedas reconocerte a ti misma todos los miedos que sientes. Ponle nombre a cada uno de ellos, mira con qué situaciones y/o miedos de tu infancia puedes conectarlos, háblale a cada uno de ellos y háblale a tu niña interior. Explícale que ahora ya eres adulta y tú te vas a hacer cargo de la situación, por eso no tiene que preocuparse.

Esto no significa que tengáis que ser amigas tú y la nueva pareja, sino que puedes dejar de verla como tu rival. Es fácil que la madre separada vea a la madrastra como rival en la relación con los hijos, y que la madrastra vea a la madre separada como rival en la relación con el padre (tal vez tema que este vuelva a enamorarse de la madre).

Miedo, miedo y más miedo. Otra vez.

¿Y qué se le está enseñando mientras tanto a las criaturas, a esos niños y niñas que no entienden de rivalidad en el amor, sino todo lo contrario?

Somos seres amorosos por naturaleza, y las criaturas, sobre todo antes de la llegada de la adolescencia, están muy conectadas a su esencia, por lo que es muy fácil que vivan las situaciones nuevas con las gafas del amor puestas. Salvo cuando reciben contaminación adulta, entonces es fácil que entren en un conflicto de lealtades.

¿Qué pueden ganar ante la llegada de una madrastra y/o de un padrastro?

Pueden ganar contar con una persona más que les proporciona amor, cuidado, confianza... Una figura más de referencia en su vida. Y si consideras que no es un buen ejemplo, recuerda que hasta de un mal ejemplo se aprende, que la vida tiene su propio orden y que lo que sucede no es fortuito.

En nuestra sociedad, el rol de madre y el rol de padre están muy definidos; no sucede lo mismo con los roles de madrastra y padrastro. Depende mucho de cada familia, y de cómo sean las relaciones, que estas personas ocupen un lugar u otro en la relación con las criaturas.

Sin embargo, hay algo que está muy claro: ninguna persona puede ocupar el lugar que ocupan la madre y el padre en el corazón de los hijos y las hijas.

Imagina que su corazón es un patio de butacas; pues bien, delante de todas las butacas hay dos tronos que son de las mismas dimensiones y están a la misma altura. Uno de estos es para mamá y el otro es para papá.

En la primera y segunda infancia somos su dios y su diosa, y nadie puede ocupar nuestro lugar, incluso en los casos en los que hay negligencia por parte de uno de los dos, las criaturas siguen teniendo ese espacio sagrado en su corazón para cada progenitor.

Ese patio de butacas que está en su corazón va creciendo en la medida en la que van incorporándose nuevas personas a sus vidas y cada una de ellas viene a enseñarles y aportarles algo que ninguna otra persona puede enseñarles ni aportar.

Como les decimos a nuestros peques, el corazón es como un globo: cuanto más soplas, más crece, pues a cuantas más personas amamos, más grande se hace.

La madrastra y el padrastro podrán llegar a ocupar sillones preferenciales en ese patio de butacas del que te hablo, pero serán eso, sillones preferenciales, no tronos, porque los lugares que ocupan un padre y una madre en su corazón son SAGRADOS.

Otra de las dificultades que se dan en la relación madre separada y madrastra surge del padre, que puede que quiera que la madrastra asuma la responsabilidad maternal cuando sus peques están con ellos.

Al tener escasos referentes, muchos hombres se sienten perdidos en su rol de padre, e inconscientemente buscan que su compañera ejerza por él sus responsabilidades parentales.

Una vez más se ponen de relieve los miedos, en este caso del padre, que se encuentra desorientado en su papel en la crianza de sus peques, muchas veces porque en la relación de pareja anterior era la mujer quien llevaba el mayor peso de esta. Vuelven entonces a flote miedos al vacío, a no ser suficiente, a no hacerlo bien...

Pero aquí poco puedes hacer, y no todo está a tu alcance, lo único que puedes controlar es lo que está de piel para dentro. Está en ti decidir qué gafas quieres ponerte para ver la familia que sois, una familia cuyo molde ha crecido y se ha agrandado dando cabida a más personas.

Es muy importante que en vuestro sistema familiar tengáis claro qué lugar ocupa cada miembro de la familia y ponerles consciencia a todos los miedos que se mueven, para no proyectar tus vacíos e inseguridades en ninguna otra persona.

Las decisiones relevantes sobre la vida de los hijos y las hijas conciernen a su padre y a su madre, pero si hay convivencia con las nuevas parejas, estas ocupan en la vivienda también un lugar de autoridad, que no tiene por qué ser autoritaria, pero tiene que dársele y reconocerle ese sitio.

El orden en el sistema familiar, en los miembros de la familia, es fundamental para que las criaturas puedan sentir seguridad y tranquilidad; así se evitan posibles rencillas.

Bárbara es madrastra y nos contaba cómo había acudido a una reunión escolar del hijo de su pareja con toda la buena intención, ella solo quería sumar; sin embargo, la madre del pequeño vivió aquel acto como una invasión e intromisión en su sistema familiar que acarreó consecuencias desagradables para todos los miembros de la familia.

Para evitar este tipo de situaciones es importante tener en cuenta cuál es el rol de cada persona y tener claros los límites de cada familia. Es difícil cuando no existen modelos de familias enlazadas (aquellas que se forman a partir de la unión de dos personas, y en la que una o ambas partes aportan peques de una relación anterior) en los que reflejarse.

Para abordar el tema de las nuevas parejas, sobre todo si tus hijos son menores de doce años, te aconsejo especialmente el precioso cuento *Hay amor para todos*,[1] que nos habla de cómo en estos casos la familia crece. Y si la familia crece, aumenta el número de personas que aman a tus criaturas y a las que tus peques pueden querer igualmente. Además, al final del cuento expone una situación de conflicto de lealtades, por lo que puede ser de gran ayuda cuando surgen situaciones de este tipo.

---

1. Sanj Pregel, *Hay amor para todos*, Editorial Picarona, Rubí, 2015.

> NO SIGNIFICA QUE TENGÁIS QUE SER AMIGAS, SINO QUE PUEDES DEJAR DE VERLA COMO TU RIVAL.

Solemos tener un pensamiento basado en la carencia y el miedo. Te animo a que tomes consciencia de esos pensamientos tuyos basados en la carencia, para romperlos y así darles la bienvenida a los nuevos pensamientos, basados en la abundancia; en la abundancia del amor, porque cuanto más amor se da, más amor se genera. Esto último es una preciosa lección de vida para ti y un ejemplo muy valioso para tus peques.

Ejercicios

En esta ocasión, más que ejercicios te doy algunas pautas o recomendaciones que puedes tener en cuenta:

1. Nunca critiques a tu ex ni a su pareja abiertamente delante de los peques. En primer lugar, porque no tienen capacidad ni recursos para gestionar esa información, y en segundo lugar porque no debes olvidar que es su padre y, por ello, sea como sea como persona, ocupa un lugar sagrado en el corazón de tus hijos. Además, lo que dices puede fomentar el conflicto de lealtades y, a ciertas edades, como en la adolescencia, esto puede ponerse en tu contra.
2. Si descubres discrepancias en cuanto a criterios educativos con esa nueva pareja, es mejor, siempre y cuando la relación lo permita, hablarlo abiertamente con tu ex para que cada uno sepa el lugar que debe ocupar. Muchas veces no existe una mala intención, más bien es ignorancia.
3. Si te es posible y existe buena comunicación, revisa con tu ex cómo se van a articular las relaciones con las nuevas parejas. Así se evitan futuros malentendidos. Especialmente si esas parejas cambian con frecuencia.

4. En caso de que la comunicación no sea viable, suelta todo aquello que no puedes controlar y hazte cargo de lo que sí está en tu mano: cambiar la forma de afrontar la situación y cuidar el vínculo con tus hijos.
5. Llama a cada cosa por su nombre; eso significa no utilizar eufemismos ni otros términos. Una madrastra o un padrastro es justo eso, no otra cosa.
6. Si percibes en tu interior un atisbo de rivalidad, tranquila, es natural. Ahora bien, si crees que eso puede ser un obstáculo para tus hijos, revisa esta emoción y pregúntate de dónde viene, si es por inseguridad, falta de autoestima o si, en un momento dado, necesitas apoyo profesional.
7. Revisa tus creencias. Quizá descubras que algunas de ellas te limitan y pueden limitar las posibilidades de relacionarse, de aprender y de disfrutar de tus peques.
8. En ocasiones es muy necesario esperar un tiempo a que las relaciones se establezcan y maduren. No mantengas grandes expectativas en el corto plazo, cada cosa a su tiempo.

GLOSARIO

Conscientes de que utilizamos algunos términos que pueden suscitar dudas, a continuación desarrollamos este glosario por si necesitas aclarar a qué nos estamos refiriendo exactamente:

Separación: cuando hablamos de separación no lo limitamos al ámbito legal, sino que tiene que ver más con lo emocional; por eso mismo nos referimos a este término al aludir a la decisión de poner fin a la relación de pareja, porque es el término más ampliamente extendido, aunque la separación como tal no es posible cuando se comparte responsabilidad paternofilial, pues el vínculo permanece de por vida. Otra cuestión es cómo sea este, pero se sigue siendo padre y madre (o ambas madres o ambos padres) de las mismas criaturas.

Esencia/ser: es lo que realmente somos y lo que en la infancia aprendimos a esconder en pro de sentir la aprobación externa. Es esa voz interna que es auténtica y está libre de condicionamientos sociales, culturales y educativos. Es nuestra guía, es la que nos empuja desde dentro para llegar a la realización que hemos venido a desarrollar en este plano.

Ego: el ego tiene más que ver con lo aprendido desde el inconsciente y, si no ponemos luz, puede dirigir nuestra vida desde la mirada del miedo. No se trata de demonizar esto que también somos, pues nuestra mente necesita del ego como nuestro cuerpo requiere del corazón; ahora bien, el uso que le demos a este nos puede llevar a la realización del ser o, por el contrario, si nos dejamos dominar por él, nos alejará. En distintas etapas vitales, especialmente en las primeras, gracias al ego podemos irnos identificando con el yo y dejando de identificarnos con nuestros referentes, por eso no se trata de luchar contra este, y no es posible abandonarlo, pues tiene su utilidad. El equilibrio está en saber identificar desde la consciencia cuándo actuamos desde el ego y cuándo desde el ser, para así ir viviendo cada vez más desde el amor, pues en la adultez el ego se suele posicionar en el lado del miedo.

Linaje: se refiere a las personas que componen la familia, tanto los ancestros, vivan o no, como los descendientes (hijos, hijas y futuras generaciones).

Hijos pegamento: hemos utilizado este término cuando con más o menos consciencia se decide mantener la relación de pareja por los hijos, pese a que ya se haya terminado un ciclo. En estos casos, los hijos están cargando con la responsabilidad de mantener a «la familia unida», una carga excesivamente grande que fácilmente repercutirá en ellos y en los vínculos del núcleo familiar.

Huérfanos emocionalmente: es fácil creer que si atendemos las necesidades fisiológicas básicas, así como las de higiene y cuidados básicos de nuestros peques, ya estamos ejerciendo como madre o padre. Sin embargo, las necesidades emocionales son sumamente importantes para el desarrollo óptimo del cerebro. Cuando ninguna de las figuras parentales las atiende por hallarse, por ejemplo, enfrascadas en una batalla de egos, en una lucha de poder, los hijos se encuentran desatendidos y huérfanos emocionalmente.

Desaprender lo aprendido: si hay algo a lo que nos

obliga la consciencia cuando queremos hacer y vivir desde ella, es a desaprender lo aprendido, es decir, a cuestionarnos cada cosa que hacemos y pensamos para reflexionar sobre ella, para hallar su sentido y decidir en consecuencia. Se trata de aprender a dejarlo de hacer de la forma que registró nuestro cerebro y hacerlo a nuestra manera. Esto conlleva convertirnos en observadoras de nosotras mismas para poder detectar cuándo lo hacemos de forma automática y así empezar a cambiarlo. Si lo hacemos de tal manera es porque, en un momento dado, fue lo que nuestro cerebro registró al verlo en nuestros referentes; sin embargo, es fácil que ahora esa manera no encaje con nuestra forma de ser y necesitemos despojarnos de ella.

Automaternaje: con la edad que tenemos no se trata de que vayamos a poner la mano a nuestra madre o padre para pedirle que nos dé aquello que nos faltó en nuestra infancia. Más bien es cuestión de asumir nuestra condición adulta y aprender a darnos lo que entonces, y actualmente, necesitamos.

CONCLUYENDO

La vida es cambio y estos suceden uno tras otro y la separación es uno más. La carga que hace vivir esta etapa como EL CAMBIO viene del peso de las creencias que hay en torno a la separación, pero no es real.

Desmontar este patrón de pensamiento y tomar perspectiva es clave para aliviar la presión, los miedos y la culpa en torno al final de la relación de pareja con hijos comunes.

A partir de la separación parece que las familias quedamos expuestas y pasamos al ámbito público, donde rápidamente cualquier persona se atreve a juzgar, opinar y decir cómo deberían ser las cosas en dicha familia. Es como si la privacidad de esta se diluyera, como si lo que sucede en su intimidad se juzgara desde el prisma de que las figuras parentales han dejado de ser pareja.

Cuidado con achacar todo lo que sucede en vuestra familia a la separación, pues ni es real ni justo. ¿Es que acaso las parejas que están juntas no tienen que llegar a acuerdos acerca de la alimentación, las actividades extraescolares, la ropa, los viajes finales de curso y tantas otras cuestiones en relación con los hijos?

Deben establecer múltiples acuerdos y, aunque se presupone que la pareja rema en la misma dirección y con el mismo objetivo, esto no siempre es así, y con frecuencia se dan luchas de poder entre las figuras parentales que conviven pues cada cual trata de que las cosas se hagan a su manera.

Como madres y padres de los mismos hijos, aunque la relación de pareja ya no exista, sigue siendo importante llegar a acuerdos y remar en la misma dirección en lo que a la educación y la crianza de los hijos se refiere; ahora bien, si esto no es posible, entiende que no es por la separación en sí, sino porque la distancia que ya había entre vosotros se ve más claramente. Por otro lado, si siguierais juntos, habría que estar llegando a acuerdos de la misma manera; la diferencia es que ahora cada cual cuenta con su propio espacio, lo que lejos de entorpecer, suele ser de gran ayuda, pues tras el posible momento de tensión en la conversación no tenéis que estar bajo el mismo techo.

En definitiva, lo que tratamos de trasladarte es que no le des más importancia de la que tiene al hecho de que estéis viviendo un proceso de transformación familiar, pues no es el molde de la familia lo que determinará el estado de salud de esta ni de los peques, sino desde dónde vives y vivís vuestra familia.

Una buena muestra de los prejuicios que existen aún en nuestra sociedad es que cuando en un centro escolar, por ejemplo, algún menor tiene conductas disruptivas y sus padres ya no son pareja, rápidamente se achaca su comportamiento a que los padres están separados, y, sin embargo, cuando otro menor tiene este tipo de conductas y sus padres permanecen juntos, rara vez se para a ver qué es lo que está pasando en esa relación de pareja, si el nivel de tensión, de frialdad, o la falta de amor en el hogar están afectando a ese niño o niña.

No se trata de que andemos señalándonos unos a otros para entrar en una guerra absurda para ver quién lo hace mejor. NO. Todos lo hacemos lo mejor que sabemos y podemos con la información de que disponemos en cada momento. Pretendemos más bien que puedas ganar en objetividad y perspectiva para no ver fantasmas donde no los hay y no andes achacando todo lo que les pase a tus peques al hecho de haber puesto fin a vuestra relación de pareja.

Los seres humanos vivimos en una falsa ilusión de control; sin embargo, muchas veces lo que se pone de manifiesto es la falta de control que tenemos sobre la vida, pues lo único que realmente podemos controlar es cómo elegimos afrontar lo que esta nos presenta y desde dónde queremos vivir cada situación.

Aprender a soltar el control es otro de los desafíos que puedes ponerte; para ello nuestra propuesta es que tomes perspectiva de lo que estás viviendo y aprendas a vivir en el presente porque puede que te sorprenda lo que descubras.

Viviendo con consciencia y poniendo atención en el presente, podrás darte lo que más necesitas y ofrecerles a tus hijos lo más valioso de ti: presencia. Por todo esto, y porque la separación muchas veces conlleva el poder sanador del linaje familiar, es una oportunidad para ser más feliz y para que tus hijos te conozcan feliz. Ese es el mayor regalo que les puedes hacer, así como que reciban de ti la referencia de establecer relaciones basadas en el respeto. El respeto a ti misma primero y después a los demás.

Hace poco preguntábamos en nuestras historias de Instagram a nuestra comunidad cómo se sentían en el rol de madre tras la separación, y la sorpresa fue que el 98 por ciento de las respuestas estaban en el marco de: *mucho mejor, con más armonía, más fuerte, empoderada, ahora me gusto más como madre, me siento más madre que nunca, más consciente y preparada, más conectada a mis hijos*, y las respuestas que más se repitieron fueron *más serena y segura*.

Y cuando al hilo de estas respuestas preguntamos qué

sientes que has ganado con la separación, la respuesta fue casi unánime: *a mí misma, paz, libertad* y *tiempo*.

Déjate sorprender por la vida, entrégate a lo que este cambio viene a ofrecerte.

El amor es libre y lo más valioso es sentir la libertad que nos ofrece en todas las áreas de la vida. Tienes ante ti la oportunidad de dejar de identificarte con tus pensamientos acerca de lo que es y lo que no es para simplemente ser desde lo que tú sientes. No existe nadie ni ninguna institución que tenga la verdad. Tú sí puedes albergar tu propia verdad, y esa no la encuentras en ningún manual, sino en ti, en tu corazón y en tus tripas.

Vais a ser siempre madre y padre. Sois familia y lo seguiréis siendo, sea cual sea vuestra relación. De la misma manera que nadie duda que dos hermanos siguen siendo familia aunque su relación sea inexistente, vosotros seguís siéndolo también. Al tener hijos en común tendréis que llegar a muchos acuerdos, y los acuerdos que os valgan en un momento dado puede que dejen de valeros en otros, pues las circunstancias cambian y las criaturas van creciendo.

Así pues, quedarte estancada en el lamento solo va a acarrearte sufrimiento. Date permiso para llorar, gritar o sentirte liberada, y después sigue recorriendo tu camino con consciencia y responsabilidad.

No quieras hacerlo perfecto, pues eso no es posible. Asume que acertarás y también te equivocarás, pues los errores forman parte de la vida.

Por si te sirve, Miguel Ángel y yo compartimos el mismo gran error: enjuiciarnos y exigirnos hasta la extenuación. Acertamos cuando pedimos ayuda y apoyo para seguir caminando, y gracias a ello aprendimos muchísimo. Y es con esto último con lo que nos quedamos, con todo lo que hemos aprendido y crecido gracias a la separación que cada uno llevó a cabo.

Hoy agradecemos muchísimo lo que hemos vivido cada uno desde que la sombra de la separación apareció en nuestras vidas, pues gracias a cada episodio vivido hoy somos quienes somos y nos sentimos personas más auténticas y libres. Y es que en esta vida todo lo que vivimos tiene un sentido. Confía, como decía Míriam Tirado al inicio de este libro; la vida sabe, y el hecho de que tus peques vivan esta situación forma parte de un orden en su vida. Confía.

Te deseamos a ti lo que nosotros hemos logrado, que algún día puedas mirar atrás y sentir un profundo agradecimiento por lo vivido.

Encuéntrate a ti y todo lo demás irá llegando de forma natural. Como dice Eva Sandoval: «No hagas lo que está bien, haz lo que amas».

GRACIAS DE ROCÍO

Gracias, Unai, porque me convertiste en madre y contigo comencé a conocerme mucho más allá de la mujer que creía ser. Me diste la oportunidad de atravesar todas mis sombras y llegar a mi propia luz y reconocerme en ella. Contigo comencé a crearme a la imagen y semejanza de mi esencia, y entonces fui cada vez más libre. Gracias por mostrarme el camino de la sanación.

Gracias, Nahuel, porque contigo empecé a tomarme menos en serio la vida. Naciste «feliciano», como alguna persona dijo al referirse a ti siendo aún bebé. Contigo aprendí a disfrutar, a gozar cada pequeña gran cosa que la vida nos regala. Me mostraste la abundancia que la vida es y comencé a disfrutar y a reír más, incluso a reírme de mí misma, que falta me hacía.

Gracias, Carmen y Pablo, por acogerme en vuestras vidas y corazones con tanta naturalidad y amor. Fuisteis un regalo inesperado que me enseñó que el amor es infinito y que las limitaciones solo existen en nuestras mentes, pero no en la vida.

Gracias, Migue. Gracias por tanto. Gracias por amarme libre y siendo yo misma. Gracias porque fuiste el puente que necesitaba para aprender a amarme. Fuiste mi lugar seguro, mi refugio para mostrarme tal cual, sin máscaras ni personajes tras los que esconderme. Libre, así me sentí desde el primer instante contigo, y así sigo sintiéndome. Gracias por verme y creer en mí cuando yo aún no me atrevía a hacerlo.

Gracias al padre de mis hijos, porque éramos unos niños haciéndolo lo mejor que sabíamos y podíamos, y con el tiempo hemos sido capaces de darnos cuenta. Gracias por todo lo que aprendí a tu lado y por ser equipo mamá-papá conmigo. Nuestros hijos tienen mucha suerte.

Gracias, mamá; gracias por enseñarme el camino a todas las respuestas: «Escucha a tu corazón, Rocío». Aún recuerdo una conversación en la cocina de Rafael Salas González, cuando esta aún tenía aquellos muebles blancos, en la que me hablabas del amor y de escuchar el corazón. No entendía nada de lo que me estabas diciendo, pero sabía que tenías razón. Por eso me lo guardé muy dentro de mí, donde se guardan los grandes tesoros, y con el tiempo aquella conversación cobró todo el sentido del mundo y ha sido mi guía.

Gracias, papá; gracias por mostrarme el camino de la constancia y la perseverancia. De seguir adelante por muchos obstáculos que aparezcan, si es eso lo que de verdad se quiere hacer. Gracias por alimentar mi curiosidad y transmitirme la pasión por la literatura y la escritura. Aún guardo como tesoros los recuerdos de aquellos poemas escritos en la pizarra, regalos inesperados que me alimentaban el alma.

Gracias Emilio y Joaquín; gracias porque sois el tesoro de mi infancia, sois lo mejor de aquellos años. Compartir mi niñez, adolescencia y vida con vosotros es un regalazo enorme, un privilegio. Adoro vuestras miradas llenas de amor hacia mí. Gracias. Gracias por quererme con mi luz y con mi sombra. Gracias por aceptar mis errores. Gracias por quererme con todo lo que soy. Gracias por estar. Cada tiempo que compartimos los tres lo vivo como un regalo de la vida.

Gracias, Alfonso, por mostrarme que los hombres también son femeninos, tiernos, vulnerables, sensibles y tantas otras cosas. Gracias por ayudarme a encontrarme cada vez que me he perdido. Gracias por mostrarme el camino hacia mí misma y por ver todo mi potencial cuando yo aún estaba ciega ante mí. Gracias por tu paciente y sabia escucha.

Gracias a «mis mujeres»: Maite, María, Susana, Raquel y Conchi. Fuisteis la red que me sostuvo cuando sentía que el suelo se abría bajo mis pies cuando me separé. Fuisteis el suelo que a mí me faltaba. Aquella etapa fue mucho menos dura gracias a vuestro apoyo.

Gracias a cada uno y cada una de los Silverio por ayudarme y apoyarme siempre que lo he necesitado. Saber que estabais ahí era y es un alivio. Gracias por hacerme sentir querida.

Y gracias a mí. Gracias a la niña que fui por no desistir, por seguir SIEMPRE adelante pese a las adversidades. Gracias a mi niña por guardar una esperanza en mí cuando yo misma la perdía. Gracias por haber esperado pacientemente a que yo aprendiera, creciera y madurara para poder verte y atenderte. Y gracias a la adulta que soy por haberme atrevido a ser yo misma y brillar. Gracias por haber aprendido a ponerme la primera de la lista y a ocuparme de mí, cuidándome, amándome y atendiéndome sin remordimiento.

GRACIAS DE MIGUEL ÁNGEL

GRACIAS:

A Rocío, porque el día que nos dijimos que sí, sin saberlo empezaba la aventura más excitante y maravillosa de mi vida y porque gracias a ti he cumplido otro sueño más.

A Carmen, porque gracias a ti empecé este fabuloso camino, el de mi mayor vocación, y a tu lado nunca dejo de crecer y aprender.

A Pablo, porque cuando pensé que tenía todas las respuestas, me enseñaste que siempre hay nuevas preguntas, y así tomé consciencia de que siempre seré un aprendiz.

A Unai y Nahuel, por ser un regalo imprevisto y enseñarme que el corazón es como un globo que siempre crece.

A Irene, por ser mi gran maestra y la mejor madre que Carmen y Pablo pueden tener.

A ti, mamá, porque tú fuiste la primera en mostrarme el camino del amor sin condiciones.

A ti, papá, porque con tu ejemplo he aprendido que se puede y se debe apostar por los sueños.

A mis hermanos, Jose y Laura, y a mis sobrinos, Migue, David, Alba y Sergio, por estar siempre cerca.

GRACIAS DE ROCÍO Y MIGUEL ÁNGEL

Gracias a cada madre, a cada padre y a cada pareja que ha confiado y confía en nosotros para que los acompañemos en el proceso de separación, y a todas las personas que forman parte de la comunidad de Creada. Vuestro aliento nos impulsa a seguir creciendo y aprendiendo para ofreceros siempre nuestra mejor versión.

Gracias a nuestras amigas y amigos por ser espacio seguro, por esas conversaciones tan nutritivas y porque a vuestro lado las lágrimas son más ligeras y las risas más intensas. Por muchos años más compartiendo encuentros mensuales.

Gracias, Eva Sandoval, porque sin ti este libro no hubiera sido. Gracias por permitir que la conexión entre nuestras almas se diera y que, de este modo, podamos gozarla.

Gracias, Míriam Tirado, por ser luz y faro, por ser ejemplo y por tu cariño y generosidad. ¡Y gracias por decirnos sí tantas veces!

Gracias, Rafa Guerrero, por regalarnos parte de tu tiempo y sabiduría, y por formar parte de la aventura que es este libro.

Gracias, Ana Sastre, por tu confianza en nosotros, que fue el aliento que nos dio la seguridad que nos faltaba.

Gracias, Sergio Fernández, porque tú encendiste la llama de todo lo que hoy hacemos y somos desde Creada.

Contigo hemos aprendido el sentido más amplio de las palabras *generosidad* y *humanidad* en el ámbito empresarial.

Gracias, Sandra, por apostar por nosotros y nuestro libro desde el primer instante.

Y gracias, Martina, por acoger nuestro libro con el cariño que requiere al ser un trocito de nuestro corazón.

BIBLIOGRAFÍA DE LOS CUENTOS NOMBRADOS

Alonso, M. L., Papá ya no vive con nosotros, Ediciones SM, 2002.
Amavisca, L., El espejo en casa de mamá. El espejo en casa de papá, Editorial Nubeocho, 2017.
Barragués Sainz, S., El mar a rayas, A Fortiori Editorial, 2007.
Carbonell, P., Valentina tiene dos casas, Ediciones Jaguar, 2020.
Díez Real, R., Mamá y papá se separan, Editorial San Pablo, 2021.
Gonzalo Marrodán, J. L., Cuando mi corazón tiembla, Editorial Marcombo, 2018.
Isaza Posse, G. M., Algo pasa en casa, el divorcio de mis padres, B de Blok, Ediciones B, 2010.
Klamburg, L., Estoy triste, mis padres se separan, Editorial Bellaterra, 2017.
Lund Sorensen, J., Lili entre dos nidos, Editorial Picarona, 2018.
Maude, C., El divorcio de mamá y papá oso, Norma Editorial, 2010.
Moore-Mallinos, J., Cuando mis padres dejaron de ser amigos, Editorial Edebé, 2006.
Osgood, I., Tengo dos nidos, autoedición.

Pregel, S., Hay amor para todos, Editorial Picarona, 2015.
Sauermann, M., El niño y la bestia, Editorial Obelisco, 2013.
Serrano Burgos, P., Si mamá dice blanco, papá dice negro, Editorial Idampa, 2014.
Soro Sansó, C., Mis padres ya no viven juntos. Ahora son amigos, Editorial Salvatella, 2017.
Tirado, M., El hilo invisible, B de Block, Ediciones B, 2020.